A Dama da Lagoa

© 2013, Rafael Guimaraens, 1ª ed.
© 2018, Rafael Guimaraens
© 2019, Rafael Guimaraens
© 2020, Rafael Guimaraens, 2ª ed.
© 2022, Rafael Guimaraens
© 2024, Rafael Guimaraens

Design Gráfico
Clô Barcellos

Tratamento de Imagens
Maximiliano Graña Dias

Revisão
Célio Klein

Dados Internacionais de Catalogação na Publicação:
Bibliotecária Daiane Schramm – CRB-10/1881

G963d   Guimaraens, Rafael
           A Dama da Lagoa. / Rafael Guimaraens. - 2ª ed. –
2ª reimp. Porto Alegre: Libretos, 2024.
           216 p. :il.; 15,5x23cm

          ISBN 978-65-86264-16-6
          1. Literatura. 2. Romance. I. Título.

                            CDD 869.3

Todos os direitos desta edição
reservados à Libretos.
Rua Peri Machado, 222/B, 707
CEP 90130-130
Porto Alegre/RS
www.libretos.com.br
libretos@libretos.com.br

Rafael Guimaraens

A Dama da Lagoa

2ª edição
2ª reimpressão

Porto Alegre, 2022

...o sorridente Heinz Schmeling veste um terno de linho branco, com um chapéu panamá. Ao seu lado, a pequena Maria Luiza...

"There's no love for nobody else"

(*Love me or leave me*, Gus Kahn/Walter Donaldson,
na voz de Billie Holliday)

1940

MADRUGADA DE DOMINGO, 18 DE AGOSTO

    Encolhido sob uma manta de lã no interior do posto de gasolina do Passo da Mangueira, o frentista Arlindo Mota enfrenta a madrugada mais fria do ano com xícaras de café continuamente requentado no fogareiro. Por vezes, cochila um sono tão leve que não resiste ao chiado dos pneus sobre a brita do pátio, cada vez que se aproxima um automóvel, mas ele pode contar nos dedos as vezes em que isso vem acontecendo.
    O posto situa-se um pouco além da junção entre o final do piso de paralelepípedo da Avenida Benjamin Constant e o início do chão batido da Estrada do Passo d'Areia, a fronteira que separa a Porto Alegre chique da Porto Alegre operária. Adiante dele, seguindo pela estrada principal, resta o bairro Passo d'Areia propriamente dito, onde moram os trabalhadores das indústrias da Zona Norte.
    A estrada prossegue por vários quilômetros praticamente desertos, com uma curva acentuada à esquerda que conduz à cidade vizinha de Gravataí, caminho obrigatório para quem se dirige às praias do Atlântico Sul, o que ninguém parece disposto nesta noite gelada.
    Assim, Arlindo desfruta de um plantão sossegado, quase tedioso, não fosse por um ligeiro incidente. Às 4 e 20 da manhã, um Ford V8 cinza, quatro portas, modelo 1939, placas 21-50 – ele anotou todos esses detalhes no caderno de controle –, aproximou-se com os faróis apagados e estacionou a uma distância considerável das duas bombas de combustí-

vel. Ao invés de aguardar no automóvel, o motorista veio na direção do escritório. Era um rapaz muito jovem, pele clara, rosto esfogueado e os cabelos em desalinho. Vestia smoking coberto por um sobretudo verde-escuro um tanto amarrotado.

Arlindo o reconheceu, embora o moço não tivesse a consideração de cumprimentá-lo. Ele faz parte de um alegre grupo que costuma aparecer no posto em alguns fins de semana para abastecer seus motociclos antes de saírem a viajar em alta velocidade. Seus companheiros o chamam de Heinz, e parece ser o mais saliente, provavelmente o líder, porque os outros ficam em torno dele, riem das suas piadas e concordam com os itinerários que ele propõe.

- Vinte litros - ordenou Heinz, entre baforadas de vapor.

Arlindo pediu que ele desse marcha à ré para aproximar o automóvel da bomba, mas o rapaz recusou. O frentista foi obrigado, então, a esticar ao máximo a mangueira de seis metros de comprimento para alcançar o tanque de gasolina, localizado no para-lama traseiro esquerdo do V8.

Quando Arlindo ativou o gatilho, o volume de combustível tornou a mangueira subitamente pesada e ele não teve forças para segurá-la. A mangueira caiu no chão, serpenteou e respingou um jato de gasolina na perna do rapaz.

- Olha o que você fez! - ele reagiu, sacudindo as calças.

- Desculpa. Mas, também, quem mandou deixar o auto nessa distância?

Com muito esforço, Arlindo executou o abastecimento, tendo o jovem ao seu lado, murmurando coisas inaudíveis, que o frentista entendeu como desaforos. Ao final, pagou com uma nota de 50 mil réis, acompanhou Arlindo até o escritório para buscar o troco, retornou ao automóvel e se afastou em alta velocidade na direção de Gravataí.

Cerca de uma hora e meia mais tarde, Arlindo enxerga, através do vidro embaçado, o mesmo Ford V8 retornar ao posto em sentido contrário. "Mais chateação", resmunga. Desta vez, o motorista estaciona junto às duas bombas, desce do automóvel com lentidão, recosta-se na porta do veículo e aspira profundamente o ar gelado. É o mesmo rapaz, com o mesmo traje de festa, desta vez sem o sobretudo, mas parece outra pessoa. Quase sussurrando, pede mais 10 litros de gasolina e permanece junto ao veículo, dando a impressão de que irá desfalecer a qualquer momento.

— Como foi o passeio? — pergunta o frentista, e recebe de volta um olhar apagado.

Findo o serviço, o rapaz paga a conta e aciona o motor potente do Ford V8 de volta à cidade.

*

O pescador Augusto da Silva escuta um zumbido longínquo e intermitente vindo dos lados do bairro Tristeza. De seu casebre, ao pé do Morro Santa Tereza, ele aperta os olhos na escuridão azulada e consegue enxergar, através da neblina, uma luzinha amarela costeando o vasto espelho do Guaíba. Na medida em que aumenta o ruído, a luz cresce e se divide em duas, até sumir de sua vista, encoberta pelo canto do morro. Por alguns instantes, Augusto ocupa-se com os peixes que deverá entregar no Mercado Público dali a algumas horas, enquanto o ronco do motor ganha volume, a ponto de sufocar o coaxar das rãs.

De súbito, a luz recai ofuscante sobre ele. Assustado, Augusto faz um gesto de defesa com os braços e vê o veloz automóvel passar a poucos metros dele, a ponto de raspar em sua cerca. O veículo faz uma curva brusca à direita e inicia uma resvalante subida pela Rua Jacuí, até estacionar no meio da quadra, diante da chácara onde moram um casal de meia-idade e um rapaz já crescido. É ele quem desce do automóvel e caminha a passos irregulares até a porta. Chega a abrir uma fresta, suficiente apenas para que o gato da família pule para o interior da casa, mas logo muda de ideia e retorna ao veículo. Seus movimentos vacilantes são observados a uma distância de cem metros pelo pescador, com constrangida curiosidade.

Augusto retorna às tarefas manuais com os peixes. Não pretende passar por bisbilhoteiro, mas acompanha a movimentação do rapaz pelo canto do olho. Percebe, então, que, ao girar o trinco do auto, o jovem tonteia e seu corpo vai desabando suavemente sobre a grama úmida que substitui o calçamento. O pescador sente o impulso de subir até a chácara para ajudá-lo, mas hesita, pois não se sente com tais liberdades. Passam-se alguns minutos de aflição. Quando, enfim, resolve acudir o moço, este parece ressuscitar. Um súbito tremor injeta em seu corpo uma energia improvável. Fica de pé, joga-se para dentro do automóvel e dá a partida.

*

A oração matinal de Irmão Raimundo é interrompida por murros fracos e contínuos na porta central da Chácara dos Maristas, no alto do Morro São Caetano. São sete horas. Ele abre a porta e se depara com um jovem de pele clara, trajando roupas finas, ainda que levemente amarrotadas. Conserva as mãos juntas à altura do coração e fala sem olhar para o religioso.

- Preciso de um lugar para dormir um pouco. Só um pouco... - suplica, com voz frágil.
- Mas os quartos estão todos ocupados pelos meninos do internato.
- Eu preciso... descansar.

Irmão Raimundo enxerga no pátio um automóvel último tipo com a porta do motorista entreaberta. Não é incomum alguém bater à porta da chácara e pedir abrigo, mas nunca naquela hora da manhã e menos ainda um jovem com aparência tão distinta. Desconcertado, examina os gestos do rapaz. Não aparenta ser um marginal nem fugitivo, e demonstra estar seriamente debilitado. Parece tonto e balbucia palavras sem sentido.

- Você está bem?
- Só quero um copo d'água e um lugar para descansar algumas horas...

Discretamente, Irmão Raimundo aspira o ar e detecta um tíbio hálito de álcool no rapaz.

– Mas... qual é o seu nome? Preciso ver um documento pelo menos.

O rapaz titubeia por alguns segundos, recua dois passos, vira-lhe as costas e retorna ao automóvel estacionado no pátio. Surpreendentemente, liga o motor, faz uma curva derrapante diante do atônito Irmão Raimundo e desce a colina numa velocidade imprudente.

Alguns minutos depois e a poucas quadras dali, o professor de inglês Edgar Tweedie cuida das plantas de seu jardim e observa, distraído, um automóvel bege ingressar na Avenida Belém. A rua tem poucas residências e, à exceção dele, ninguém parece estar acordado naquele início de manhã fria. Quando se aproxima, o Ford V8 reduz a velocidade. *Mister* Tweedie esfrega as mãos sujas de terra no macacão azul e examina de cima a baixo um jovem descer com dificuldade do automóvel e caminhar em sua direção.

Parece um moço de família, provavelmente de origem germânica, alto, físico de quem pratica esportes, cabelo bem cortado, mas um tanto desfeito, deixando à mostra a testa larga, nariz pequeno e arrebitado sobre uma boca quase feminina. Bom fisionomista, o professor pode jurar que não se trata de nenhum de seus alunos do Ginásio Nossa Senhora do Rosário, embora tenha idade para isso.

– Pois não?

– Desculpe... Gostaria de beber um copo d'água.

Pelos trajes, não há qualquer possibilidade de se tratar de um ladrão. *Mister* Tweedie entra em casa e retorna com o copo, que o rapaz esvazia num único gole.

– Obrigado...

Um silêncio estranho se estabelece entre os dois. O professor estuda o rapaz, que parece prestes a perder os sentidos. Então, ele o surpreende com uma pergunta:

– Onde eu poderia comprar flores?

- Flores? - estranha o professor. - Aqui por perto? Difícil. Hoje é domingo. Talvez no cemitério da Glória, mas ainda é cedo. Você não parece bem. Parece cansado.

O jovem sacode lentamente a cabeça.

- Viajei a noite inteira.

- Veio de onde?

- De Gramado - responde, depois de uma vacilação. - Seria pedir muito uma poltrona para descansar alguns minutos?

- Como se chama?

- ...Sander.

Repentinamente, o moço vira de costas, retorna ao carro e se afasta.

*

Por volta das 9 horas da manhã, o Ford V8 estaciona diante de um estabelecimento, misto de armazém e botequim, no bairro Belém Velho. O motorista desce cambaleante e se dirige ao balcão.

- Uma gasosa.

Orlando Alberton, o proprietário, lhe estende o refrigerante e passa a inspecionar o freguês. É muito jovem, veste uma roupa de festa e não parece nada bem. Apático, murmura frases sem nexo.

- O moço se sente bem? Posso chamar um médico.

- Não... Não precisa. Só preciso repousar um pouco.

- Quer que eu avise alguém?

O rapaz arregala os olhos.

- Não diga a ninguém que estou aqui! Por favor... Posso sentar um pouco? - ele aponta para a cadeira de balanço em um dos cantos do bar.

Alberton estranha o pedido, mas concorda com um gesto resignado. Heinz senta-se na cadeira de balanço, dá um longo bocejo e perde os sentidos.

*

Por volta das 9 horas da manhã, o Ford V8 estaciona...

Durante todo o domingo, a presença do rapaz provoca a curiosidade dos fregueses de Orlando. Por várias vezes, ele se aproxima do rapaz para se certificar se ele ainda respira. Por volta das oito da noite, como o rapaz não desperta de seu sono profundo, o proprietário aciona o Destacamento Policial do bairro.

– Chegou naquele V8 ali fora – ele relata ao agente de tráfego Gregório Martins. – Pediu pra descansar um pouco e está dormindo há quase 12 horas.

– De porre?

– Parecia mais é cansado. Várias vezes, até fui ver se não tinha morrido.

Martins aproxima-se do moço e sacode seu braço.

– Ei, ei. O amigo está passando bem?

O jovem tenta se erguer da cadeira, sem atinar o que acontece à sua volta.

– Se quiser, posso guiar o auto até sua casa – sugere o policial.

De relance, percebe um objeto metálico no bolso do casaco do rapaz e franze o cenho.

– E esse revólver? Por acaso, o amigo tem porte de arma?

Não obtém resposta. Diz, então, que precisa levá-lo ao Destacamento Policial. O jovem deixa-se conduzir.

*

A campainha do telefone soa duas vezes no casarão localizado na esquina das ruas Duque de Caxias e Marechal Floriano antes que o inspetor Feliciano dos Santos atenda.

– Alô. Repartição Central de Polícia, às ordens.

– Colega. Sou o agente Martins, do Destacamento de Belém Velho. Encontramos um rapaz estranho num botequim do bairro. É um finório, bem-vestido, anda num Ford V8 último tipo, mas parece um tanto desorientado. O problema é que carrega um revólver, mas não mostra a licença.

– Como se chama o sujeito?

– Estou aqui com os documentos: Heinz Werner João Schmeling.

Feliciano coloca a mão no bocal do aparelho e grita para o inspetor-chefe Plínio Medina:

– Achamos o rapaz do baile da Sociedade Germânia!

Todos que estão na sala se aproximam. Plínio Medina pega o aparelho:

– A moça está com ele?

NOITE DE SÁBADO, 17 DE AGOSTO

Arthur Maynard Haybittle acende o cachimbo no escritório contíguo à sala onde acabou de jantar com a família. Daqui a pouco, deverá levar a enteada Maria Luiza ao Baile dos Estudantes, o que significa praticamente atravessar a cidade, de sua casa no bairro Pedra Redonda até a Sociedade Germânia, no Moinhos de Vento. Enquanto a moça se apronta, *mister* Arthur senta-se diante de sua escrivaninha repleta de jornais do dia, revistas inglesas e telegramas com informes confidenciais do British Bank of South America, do qual é gerente em Porto Alegre há oito anos.

As manchetes do *Correio do Povo* e do *Diário de Notícias* são alarmantes. Três mil aviões da Luftwaffe despejam toneladas de bombas sobre os subúrbios de Londres no sexto dia do *Blitzkrieg*. A Inglaterra encontra-se sitiada por terra, mar e ar. Não se sabe quanto resistirá. É uma situação bem diferente à de 22 anos antes, quando Arthur pilotou bombardeiros ingleses na ofensiva final contra os alemães. Se ainda estivesse na Inglaterra, provavelmente ele estaria no comando de algum dos *spitfires* da Royal Air Force fustigando cidades alemãs. Mas, desta vez, a desproporção de forças é tremenda. Ele não tem dúvidas. Caso os Estados Unidos e a União Soviética se mantenham neutros, será inevitável a vitória da Alemanha, o que mudará o mapa da Europa, o destino da humanidade e o futuro dele próprio, Arthur Haybittle.

Apesar do nome pomposo, o British Bank – muitos ainda chamam pelo antigo nome de Banco de Londres – é apenas um escritório de três salas e 15 funcionários, localizado na subida da Rua General Câmara, no Centro da cidade. Mas tornou-se um endereço influente quando, em sua primeira missão, Haybittle protagonizou um complicado processo de capitalização da Bromberg Ltda, o maior estabelecimento empresarial de Porto Alegre, que enfrentava uma crise de caixa. Os meios empresariais compreenderam, então, a importância de incluir o inglês em seu círculo de relações, ainda que ele se mostrasse arredio a qualquer coisa parecida com vida social. Por "meios empresariais", entenda-se três dezenas de grandes fábricas, quase todas de origem germânica, responsáveis pela acelerada industrialização da cidade a partir do início do século.

Arthur já era quase um quarentão adaptando-se a uma terra estranha quando conheceu Erika, filha do representante comercial Adolpho Dörken, que trabalhava com o pai, cuidando da contabilidade da empresa. Sua convicção celibatária foi vencida pelo voluntarismo e pela inacreditável capacidade de resolver coisas práticas que Erika demonstrava. Ao conquistá-la, Arthur não ganhou apenas uma esposa, mas uma família inteira, pois ela levou consigo um casal de filhos adolescentes, Maria Luiza e Ernesto Adolpho, de seu casamento anterior. Há três anos, nasceu Edward Roy, meio inglês, meio alemão.

Assim, tanto nos negócios quanto na própria casa, *mister* Arthur tornou-se um solitário súdito britânico obrigado a se harmonizar com o ambiente germânico que o acolheu.

Isso até começar a guerra.

– Tio Hay!

A presença do enteado de 14 anos rondando sua escrivaninha desperta o inglês de seus devaneios.

– Sim, Ernesto?

– Se a Alemanha ganhar a guerra, o senhor vai perder o emprego?

– Ernesto Adolpho! Isso não é assunto pra criança – ouve-se a voz de Erika, que recolhe os pratos do jantar na sala ao lado.

- Eu não sou mais criança - o garoto reage.

O inglês sente necessidade de dizer alguma coisa.

- Não se sabe bem o que vai acontecer, Ernesto. Não devemos nos preocupar antes da hora. Por enquanto, está tudo normal.

Na verdade, nada está normal. Os memorandos do British Bank recomendam cautela, mas não escondem uma sensação de impotência diante da guerra. Arthur Haybittle continua dando expediente no banco, atende telefonemas, não se recusa a conversar, inventa tarefas para manter os funcionários ocupados, mas qualquer atividade operacional que dependa da matriz em Londres está suspensa.

- Se a Inglaterra perder, o banco vai ser dos alemães? - o menino insiste.

- Assunto encerrado! - intervém a mãe.

O menino fica em silêncio por alguns minutos, mas logo volta a falar.

- Vovô gostava do Hitler. Agora, não gosta mais.

- Ernesto! - novamente, a voz autoritária de Erika.

Como Adolpho Dörken, vários foram contaminados pelas novidades vindas da Alemanha. Logo ao chegar a Porto Alegre, Arthur Haybittle viu com seus próprios olhos a cerimônia de restauração da bandeira imperial substituindo a republicana, diante do consulado alemão, no Centro da cidade. Houve desfile da Juventude Hitlerista e a presença de sorridentes empresários, incluindo o próprio prefeito Alberto Bins, dono da fábrica de cofres Berta. Arthur sentiu-se em uma cidade alemã em plena América Latina.

Nos primeiros anos da guerra, ele soube que vários conhecidos enviavam joias de ouro à Alemanha, recebendo, em troca, anéis de platina com a inscrição "a Pátria agradecida". O consulado alistava abertamente filhos de descendentes. Jovens nazistas uniformizados desfilavam nas datas nacionais, com fervor incomum. Grupos radicais iam além: visitavam empresas e ameaçavam denunciar ao governo alemão quem não contribuísse financeiramente com a "causa" ou empregasse judeus.

Mister Arthur compreende: além de questões subjetivas, como a retomada da autoestima germânica, abalada desde o final da Guerra de 1914 com a humilhante rendição imposta por França e Inglaterra, a prosperidade da Alemanha favorece os negócios das empresas teuto-brasileiras. O maior exemplo é a poderosa empresa de aviação Varig, erguida com capital da Condor alemã. Com a ascensão de Hitler, o intercâmbio comercial se intensificou e era nítido o clima de regozijo com as conquistas do 3º Reich. Como cidadão inglês, Arthur começou a se sentir desconfortável.

Em algum momento, contudo, o encanto se quebrou. A febre imperialista de Hitler assustou a comunidade alemã. A perseguição desenfreada aos judeus causava mal-estar. Os mais ponderados perceberam a insensatez de tudo aquilo. "Estão indo longe demais", alguns comentavam. O sonho dourado da Nova Alemanha transformava-se em pesadelo. Muitos dos que antes se empolgavam com a aventura nazista foram abandonando a causa ou se opondo a ela.

Na lembrança de todos, estavam cenas ocorridas em 1917, em Porto Alegre, quando centenas de pessoas investiram contra empresas de nomes germânicos, em protesto à guerra. Com a implantação do Estado Novo, em 1937, apesar de o governo brasileiro manter uma relação amistosa com os países do eixo – Itália e Alemanha –, a Polícia gaúcha abriu uma rigorosa investigação sobre as atividades dos grupos nazistas e prendeu vários suspeitos de espionagem. Assim, demonstrar simpatias por Hitler tornou-se perigoso.

As hostilidades contra Arthur Haybittle diminuíram até se converterem em humildes manifestações de apreço. Os que antes o tratavam com algum desprezo passaram a lhe prestar solidariedade diante da incerteza em que a guerra jogava o seu futuro.

– Lisinka! – ouve-se o grito de Erika.

*

A redação do *Correio do Povo* funciona em um prédio de três andares na Rua da Praia, quase na esquina com a Caldas Junior. Os jovens

Paulo Koetz e Adail Fortes deixam a redação do jornal um pouco antes das oito da noite. O primeiro veste uma surrada fatiota preta mais velha do que ele, sobre a qual adiciona um gabardine impermeável um tanto gasto, que não ajuda a melhorar sua aparência. O outro ostenta um flamante smoking com lapela brilhosa, alugado especialmente para o Baile dos Estudantes, do qual será um dos apresentadores.

– Só se fala nesse baile – comenta Paulo Koetz. – Dizem que até o doutor intendente vai.

– Já confirmou.

– Com essa jogada do bicentenário, ele está indo até a formatura de grupo escolar.

– Não perdes a mania de ser do contra – critica Adail.

– Se fosse mania, eu já tinha perdido.

Os dois passam pelo imponente casarão que até três anos antes abrigava o jornal *A Federação*, porta-voz do poderoso Partido Republicano Rio-grandense, ambos fechados desde a implantação do Estado Novo, em 1937. Adail aponta para o prédio amarelo na esquina.

– E esse elefante branco, hein? O que vão fazer aqui? – comenta Koetz.

– Parece que vai abrigar a imprensa oficial.

– Mais oficial do que foi *A Federação*?

– Eram outros tempos.

– Aí estão os fantasmas do nosso presidente. Borges de Medeiros, Flores da Cunha, Maurício Cardoso. Todos olhando pro Getúlio: "Em que te transformaste?".

– É bom não falar muito alto.

– Vão me prender? Quando ele precisava de apoio, usou e abusou do Partido Republicano. Agora que virou ditador... Quem diria? O Partido Republicano, que mandou neste Estado por mais de 40 anos, agora, é proibido de funcionar pelo seu filhote predileto.

– O Getúlio tem sido um bom presidente – retruca Adail.

– Pra quem gosta de ditadura.

- Fala baixo, Paulo. Eu não gosto, mas talvez nesse momento de crise mundial seja necessário. Acho que o Brasil precisa de uma ditadura para ensinar o povo a viver numa democracia.

- Ditadura não é necessária nunca.

- Sempre do contra. Falando nisso, qual é o teu palpite: Getúlio fica ao lado dos alemães ou dos ingleses?

- Está com os alemães até o pescoço, mas não vai se meter.

- Não concordo. Se os americanos entram na guerra, aposto que o Brasil vai de carona. Falando nisso, quer carona? Vou tomar um auto de praça.

- Não, vou ficar pelo Centro. Talvez pegue um cineminha.

- Me disseram que neste fim de semana só tem "bomba".

- Tem um policial francês no Roxy.

Adail acena para um carro de praça.

- Bom, então, boa noite e modera no trago.

- Pode deixar. Amanhã estou de plantão.

- Então, vamos nos encontrar porque eu vou aparecer no início da tarde pra escrever a matéria sobre o baile.

Na esquina com a Rua Caldas Junior, Adail sobe no auto de praça. Paulo acende um cigarro e segue a pé rumo às luzes da Cinelândia, o trecho da Rua da Praia defronte à Praça da Alfândega onde estão os principais cinemas e cafés, portanto, boa parte da movimentação noturna da cidade. Atravessa a rua e é atraído por uma pequena aglomeração diante do Grande Hotel. Alguém lhe informa que Tito Schipa deve aparecer em poucos minutos para sua última apresentação em Porto Alegre. Paulo fica na ponta dos pés e tenta enxergar o grande tenor italiano sobre os chapéus dos curiosos, mas logo perde o interesse.

A poucos metros, uma gigantesca fila de encasacados está formada diante do Imperial, onde Tito Schipa irá cantar. Uma fila menor ingressa lentamente no Cine Guarany, logo ao lado, que exibe o filme musical *Ciladas*, com o *chansonier* Maurice Chevalier. Mais adiante, o cartaz do Rex anuncia a comédia argentina *Três Ilhados em Paris*, com o emergente astro latino Hugo del Caril. Do outro lado da rua, o Cine Central programa o clássico de terror *A Torre de Londres*, estrelado por Boris Karloff. Nenhuma das opções faz Paulo mudar a escolha inicial por *Hôtel du Nord*, em fim de temporada no Cine Roxy, uma quadra adiante.

Diante da Lancheria Cinelândia, dá uma olhada no relógio de pulso. Faltam 15 minutos para o início da sessão. Dá tempo para encostar-se no balcão e pedir uma dose de conhaque "para espantar o frio", justifica para si mesmo. Bebe-o em três goles. Quando enfia a mão no bolso para pagar a despesa, o garçom se aproxima com a garrafa de Dreher na mão.

– Outro?

– Só mais um.

*

O apelido diminutivo Lisinka combina com o tipo físico mignon e gracioso de Maria Luiza Häussler. Aos 17 anos, é dotada de um encanto peculiar, em seus traços refinados e olhos expressivos. Ela aparece na sala de casa vestindo *soirée* azul cintilante, que contrasta com uma apatia incomum para uma garota normalmente tão cheia de vida.

– Está linda, minha filha – derrete-se a mãe Erika. – Só precisa colocar um sorriso nesse rostinho.

– Des-fi-la! Des-fi-la! – pede Ernesto.

Maria Luiza lhe mostra a língua.

– Desfila, Lisinka – o garoto insiste, imitando uma súplica.

Ela aperta um canto da boca e começa a simular um desfile de um jeito caricato, como uma boneca de corda. Ernesto solta uma gargalhada. Erika bate palmas, no que é imitada pelo caçula Edward. Arthur Haybittle assiste a tudo baforando o cachimbo.

Aos poucos, os movimentos de Maria Luiza se tornam mais leves e a jovialidade habitual – pelo menos, parte dela – parece estar de volta.

O apelido diminutivo Lisinka combina com o tipo físico mignon e gracioso de Maria Luiza Häussler.

Erika pede um tempo e some pelo corredor da casa. Retorna à sala com um reluzente colar de pérolas que pertencera à sua mãe e faz questão de colocá-lo no pescoço da filha, com toda a *mise-en-scène* adequada.

- Pronto. Vai abafar!

A garota esboça um sorriso sem graça.

- Podemos ir, tio Hay?

Lisinka veste o casaco de lã sobre o vestido azul. O gato Huckey pula do sofá e persegue a dona até a garagem, enroscando-se em suas pernas e dificultando-lhe os passos. Protegido por um grosso sobretudo de lã inglesa, Arthur Haybittle aciona a chave do Standard Flying 1937. Enquanto o motor aquece, Erika puxa assunto tentando aparentar uma normalidade na relação entre as duas, o que não vem existindo.

- Qual é a combinação, mesmo?
- Já falei mil vezes.
- Não fale assim, Maria Luiza - retruca o padrasto, com energia. - Seja mais educada com a sua mãe.

Lisinka solta um longo suspiro.

- Meus tios e as primas estarão me esperando na porta da Germânia, às 9 em ponto - ela responde. - Não estamos atrasados, tio Hay?
- Não te preocupe, *honey*. Dá tempo.

O automóvel afasta-se lentamente da casa da Pedra Redonda. Erika abana para Lisinka. "Juízo, hein!". Enxerga, então, através da janela do carro, a profunda amargura expressa no rosto da filha, uma imagem que lhe acompanhará pelo resto da vida.

*

No retrato de moldura metálica sobre a mesa de estudos, entre taças alusivas a triunfos esportivos, o sorridente Heinz Schmeling veste um terno de linho branco, com um chapéu panamá. Ao seu lado, a pequena Maria Luiza de vestido igualmente branco, com um casaco xadrez dobrado em seu antebraço, mantém a fisionomia serena e compenetrada de sempre, mas é possível notar o resquício de um sorriso. A cena foi registrada três meses antes por um daqueles fotógrafos que se postam ao longo da Rua da Praia e ganham a vida assediando a vaidade alheia. Heinz lembra: eles se dirigiam ao cinema para assistir a *Rebecca*, o último filme que viram juntos.

    Heinz tenta entender o que acontece desde então. Uma sucessão de desencontros e combinações malfeitas foram conduzindo o casal a um estranho afastamento, sem que tenham sequer conversado sobre isso. Os dias passam, e as tentativas de reencontro simplesmente não se concretizam. Lisinka escreveu uma carta a ele simulando um rompimento temporário, para aliviar as pressões da mãe. Na cabeça de Heinz, cresce a suspeita: não estaria ela querendo efetivamente se afastar dele? Ou seja, não estaria ela simulando uma simulação?

    Ele passou o sábado em silêncio, montado em seu motociclo acompanhado pelos amigos com quem compartilha os prazeres da velocidade. Do grupo, fazem parte seu irmão Gert Joachim, um ano mais velho, Werner Wallig, herdeiro da fábrica de fogões, Vilmo Caleffi e Enio Sander. São todos oriundos de famílias distintas e estão na idade que precede o ingresso no mundo das grandes responsabilidades. Como se vestem de preto, ganharam o apelido de "Mickeys", uma referência ao ratinho de Walt Disney, que chega através das tiras no gibi *Tico-Tico* e do filme *Fantasia*, sucesso arrasador nas matinês.

    Desta vez, os "Mickeys" decidiram seguir para a Zona Sul até o balneário Belém Novo, o que, para Heinz, significou ter que passar diante da casa de Maria Luiza. O grupo desce a rua e faz a longa curva da Pedra Redonda. Heinz imprimiu tal velocidade em seu motociclo Sundap 1938 que assustou até seus companheiros, e prosseguiu a viagem rumo a Belém Novo a quase 140 quilômetros por hora, alcançando o balneário pelo menos cinco minutos antes dos outros.

    Em três semanas, Heinz completará 20 anos. Até o início do ano, ele morava com o pai, o empresário Eithel Fritz Schmeling, em uma casa confortável no entorno da Praça Maurício Cardoso, no bairro Moinhos de Vento. Eithel obteve a guarda dos filhos ao final de um desgastante processo de desquite contra sua ex-mulher Frida Wiedmann, mas, com o tempo, passou a se questionar se ficar com os filhos teria sido uma boa providência.

Sócio da Metalúrgica Schmeling & Herzfeld, Eithel Fritz vinha exigindo mais atitude de Heinz com relação ao futuro. Formado no curso ginasial do Instituto Porto Alegre (IPA), o rapaz não se mostra interessado em cursar faculdade e reluta em assumir qualquer espécie de compromisso profissional.

Um trágico acidente automobilístico transbordou o copo de paciência de Eithel Fritz Schmeling. Um veículo atravessou-se na frente do automóvel que Heinz dirigia, causando a morte de um dos ocupantes, um rapaz menor de idade. O inquérito policial isentou Heinz de qualquer culpa, mas seu pai não deixou de pensar que o acidente seria menos grave se o filho não tivesse incontrolável obsessão pela velocidade. Heinz costuma ter pesadelos com aquela noite: o frear súbito ante a aparição inesperada de outro automóvel, o pneu deslizando no paralelepípedo, o auto girando, o estrondo metálico, seu corpo indo de encontro ao guidom. E, depois, saindo do auto, estonteado com a testa sangrando, pessoas saindo do outro auto, também estonteadas, e um rapaz imóvel com o rosto sangrando.

Heinz Werner praticamente foi expulso de casa. Mudou-se para a chácara na Rua Jacuí, onde sua mãe, Frida, vive com seu novo marido, o empresário alemão Hans Freiherr, proprietário de uma empresa de produtos químicos. Ele até tentou trabalhar no escritório do padrasto, anotando pedidos, assinando "aceites", negociando fretes e emitindo faturas, mas não suportou um mês.

Os "Mickeys" passaram o sábado singrando caminhos no extremo sul da cidade. Heinz manteve-se em silêncio. Sempre que era chamado à conversa, esquivava-se com evasivas. Por várias vezes, seus amigos insistiram que ele fosse ao baile à noite. Ante a insistência, exclamou: "Não vou, e pronto!".

Heinz retornou à chácara do Cristal e dirigiu-se para o quarto, sem jantar. Lá, permanece deitando e levantando, ligando e desligando o rádio, e caminhando de um lado ao outro, olhando para sua fotografia ao lado de Lisinka com pensamentos difusos digladiando-se em sua mente.

*

Paulo Koetz deixa a Lancheria Cinelândia sentindo uma gostosa frouxidão nas pernas. No caminho até o Roxy, ainda deverá resistir à tentação de enfiar-se no Taco de Ouro, de onde partem estalos secos de tacadas, gargalhadas, uma música de *jukebox* e um sedutor aroma de charutos. "Se entrar, não saio mais." Às oito e meia da noite, ingressa na sala acanhada do Roxy, com meia lotação, no exato momento em que soam as três notas de piano anunciando o início da sessão. As luzes se apagam, abrem-se as cortinas e surge, na tela, a estrela de cinco pontas do *Cinejornal Brasileiro*, no ritmo agitado da trilha musical característica.

A voz entusiasta do locutor fala de um Brasil na marcha do desenvolvimento. As imagens escolhidas para ilustrar o noticiário mostram desfiles militares, colheitas agrícolas fartas, jovens musculosos praticando exercícios físicos, crianças saudáveis indo para a escola, operários bem dispostos, mulheres com dentaduras perfeitas amamentando bebês que esbanjam saúde e closes do presidente Getúlio Vargas acenando para o povo. Koetz sorri, com ironia: os brasileiros reais - pobres, subnutridos e desdentados - não figuram no cinejornal oficial. Os propagandistas do Estado Novo utilizam a mesma estética dos filmes-documentários do 3º Reich.

Esta edição um tanto retardatária, gravada no dia 1º de maio, alardeia a entrada em vigor da nova lei do salário mínimo. No estádio de São Januário lotado, entre civis e militares mais altos e tão barrigudos quanto ele, Getúlio Vargas inicia seu discurso com o indefectível "trabalhadores do Brasil", com ênfase no L final.

Paulo fixa-se na figura de Getúlio. Ali está o homem que não só pacificou chimangos e maragatos – uma proeza equivalente a apaziguar gregos e romanos –, mas os colocou a serviço de seu próprio projeto político. O homem que, logo após perder as eleições presidenciais de 1930, convenceu o país de que o assassinato, por razões fortuitas, de seu candidato a vice, João Pessoa, teria gravidade política suficiente para justificar uma revolução; ela foi feita e ele alcançou o poder. O homem que utilizou todo o arsenal de estratagemas políticos e legais pra permanecer durante sete anos na Presidência. O homem que, às vésperas das eleições que definiriam seu substituto, persuadiu as "forças vivas" da nação de que estaria em marcha um tenebroso plano comunista para assaltar o poder – isso que boa parte dos poucos comunistas brasileiros estava na prisão. Com esse argumento inverossímil, ganhou aval para permanecer no poder, não como um mero presidente; como ditador.

A propaganda do governo termina com Getúlio sendo ovacionado por uma multidão de trabalhadores nas arquibancadas do estádio.

– O baixinho é tinhoso – ele diz em voz alta, enquanto mais imagens do Brasil desenvolvido prenunciam o fim do cinejornal.

– Pssiu! – alguém retruca.

Paulo abandona Getúlio Vargas para prestar atenção à trama de *Hôtel du Nord*.

*

O Standard Flying de *mister* Arthur atinge o topo da Rua Ramiro Barcelos, mas demora ainda uns bons minutos até conseguir dobrar à direita e alcançar a porta central da Sociedade Germânia. Em torno do prédio está estabelecido um caos de faróis, buzinas, gritos de alegria e saudações de reencontro. Os automóveis circundam inutilmente a Praça Júlio de Castilhos em busca de vagas para estacionar.

O prédio da Germânia destaca-se entre as mansões enfileiradas ao longo da Avenida Independência e da Rua Mostardeiro, onde residem as famílias mais abastadas de Porto Alegre. Antes, a sociedade funcionava em uma casa colonial no Centro, que foi incendiada em 1917 - assim como várias empresas de descendentes alemães - durante um acesso de fúria coletiva, em protesto contra a guerra. Com a indenização paga pelo Estado e a venda à Intendência do antigo terreno do prédio incendiado, para a abertura de uma nova avenida, a Sociedade Germânia pôde adquirir a Vila Palmeiro, um imponente casarão localizado em uma área de dois mil metros quadrados. Sobre o pátio dos fundos, foi erguido o amplo salão de festas para a colônia alemã - ou sua parcela mais afortunada - realizar suas celebrações.

Em pouco tempo, a Sociedade Germânia tornou-se um dos endereços sociais mais requisitados da cidade, a ponto de ser escolhida para sediar o jantar oficial comemorativo à Revolução de 1930, principal fato político do século, evento que contou com a presença do próprio Getúlio Vargas. Dez anos depois, mais de mil estudantes convergem para a Germânia, as moças com vestidos coloridos e os rapazes todos de black tie, excetuando-se os alunos do Colégio Militar, fardados com uniformes de gala.

O Standard Flying está embretado diante do clube. Maria Luiza tenta distinguir seus parentes entre a confusão de jovens diante da porta central do clube.

– Lá estão eles – aponta, saindo do auto.

– Como é que você volta?

– Vou dormir na casa do vovô – refere-se à residência do pai de Erika, situada a três quadras da Germânia.

– *So, have a nice time* – ele fala, mas não tem certeza se ela escutou.

*

Os acordes iniciais da trilha sonora instalam o clima de tensão que promete durar até a última cena de *Hôtel du Nord*. Os nomes dos principais protagonistas, Annabella e Jean-Pierre Aumont, aparecem em letreiros dançantes sobre as águas turvas do canal Saint Martin, antecipando a trama sufocante na qual seus personagens estarão submersos.

Na primeira cena, ao entardecer parisiense, Renée e Pierre descem a pequena escadaria da ponte sobre o canal. Sem cortes, a câmera abandona os dois namorados por instantes, faz um lento *travelling* por baixo da escada e os alcança mais adiante, caminhando pela margem de pedra até se sentarem em um banco de madeira, diante do Hôtel du Nord. Ali, permanecem com os rostos colados, compartilhando um momento de profunda sofreguidão.

Quando começa a trovejar, Pierre e Renée buscam refúgio no hotel, onde os hóspedes comemoram um aniversário. Acomodados no quarto, eles desfiam as razões de seu infortúnio por longos minutos.

Renée – "Você me ama?"

Pierre – "Essa é uma pergunta desnecessária. Sem seu amor eu não seria nada."

Renée – "Eu estaria perdida neste mundo."

Pierre – "Renée, meu amor, ainda podemos desistir."

Renée – "Então, teríamos que voltar para nossa vida... *Très compliqué.*"

A certa altura, Pierre retira uma pistola do bolso.

Pierre – "Você vai deixar tudo?"

Renée – "Não tenho nada pra deixar. Eu vou deitar ao seu lado, colocar minha cabeça em seu ombro e você vai me beijar suavemente, tal como na primeira vez. Eu vou fechar meus olhos, vou ouvir o tique-taque do seu relógio na minha orelha. Você vai sussurrar meu nome e vai disparar um tiro aqui, em meu coração."

Pierre – "E depois vou ao seu encontro."

A cena prossegue num drama torturante. A moça parece mais tranquila e determinada. O rapaz mostra-se triste e vacilante. A narrativa corta para o quarto onde o gigolô Edmond e a prostituta Raimond conversam sobre seus assuntos ilícitos. Então, ouve-se um tiro. Edmond sobe as escadas e encontra Renée caída sobre a cama. Na sacada, Pierre, com a pistola fumegante na mão, não sabe como agir. Com extrema frieza, Edmond administra a situação e ajuda Pierre a fugir.

"O filme promete", empolga-se Paulo Koetz.

*

Erika empenha-se nas últimas funções do dia. A imagem do rosto tristonho da filha lhe aparece a todo o instante e ela trata de afastá-la, ocupando sua mente com as tarefas corriqueiras. Lava a louça com energia, põe os pratos no quarador, vai à sala, termina com a brincadeira de cócegas entre Ernesto e o pequeno Edward, coloca o mais novo no berço e tem algum trabalho para convencer Ernesto a também ir para a cama.

Quando tudo está em ordem, volta a pensar na filha. Um mês antes, a relação entre elas atingira um ponto insuportável. Lisinka comunicou a intenção do namorado Heinz Werner de se casar com ela. Erika entrou em pânico. Sua reação veio com alegações desorganizadas que lhe saíram aos borbotões: ela era muito nova para assumir um compromisso, casamento é coisa séria, requer maturidade, deve, antes, completar o ciclo ginasial, é necessário os dois estarem mais estabilizados.

No fundo, Erika não deseja que a filha repita seu próprio erro. Com 20 anos recém-completados, sem saber quase nada da vida, casou-se de forma precipitada com Hermann Häussler, herdeiro da poderosa Metalúrgica Porto-Alegrense, contra a vontade da família. Poucos anos depois, apareceu na casa do pai pedindo guarida, com dois filhos pequenos.

Sem que deliberasse, as discussões com Lisinka foram excedendo a questão do casamento em si. Erika passou a questionar o próprio namoro. Ela nem pode dizer que conhece Heinz, pois ele jamais apareceu em sua casa, mesmo depois de sua mudança para o sítio da mãe, praticamente no mesmo bairro. Só o encontra nos aniversários de Maria Luiza, geralmente comemorados na casa de seu pai, Adolpho Dörken. O máximo que Heinz lhe dirige é um sorriso excessivamente autossuficiente, exatamente como a mãe, Frida, mas Erika faz um esforço supremo para deixá-la fora dos assuntos.

As tentativas de convencimento se transformaram em altercações frequentes. Durante uma discussão mais aguda, Erika referiu o terrível acidente automobilístico em que Heinz se envolveu no início do ano, no qual uma pessoa faleceu. "Ele não teve culpa", Lisinka retrucou, aos prantos. "Mas se não corresse tanto, o acidente não seria tão grave", insistiu a mãe.

Maria Luiza sustentava a discussão até certo ponto. Depois, se calava como se não tivesse mais energias. Erika está convencida de que a filha concorda que o rapaz é um playboy mimado e irresponsável, embora jamais vá admitir. As desavenças refrearam, no início do mês, quando Maria Luiza lhe mostrou uma carta que enviaria a Heinz, propondo uma separação por algum tempo, a fim de avaliar a intensidade de seus sentimentos.

Erika deu-se por satisfeita. Naturalmente, cogita que a carta pode ser uma artimanha para desanuviar o ambiente, mas mantém convicção de que, se a filha chegou a esse ponto, é porque, no fundo, deseja o rompimento. Sozinha, Erika acredita, Lisinka não conseguirá tomar decisões mais drásticas, pois é meiga, frágil e suscetível aos apelos sentimentais. Por isso, acha que a filha precisa de sua ajuda. Com a carta, as rixas desapareceram, mas Erika se mantém vigilante. Ela percebe na filha um rancor reprimido, mas nada que o tempo não consiga dissipar.

Erika aguarda o retorno do marido, com o rosto tristonho de Lisinka ainda preso na retina.

*

Da mesa onde se instalou, perto do palco, Maria Luiza enxerga o redondo e simpático Paulo Coelho acariciar as teclas do piano, criando uma base musical sutil para o crescente turbilhão de conversas e risos que vai contagiando o ambiente. Fazendo um leve movimento para a direita, ela também consegue vislumbrar, no outro lado do palco, a algaravia nervosa das candidatas a Rainha dos Estudantes com as faixas das escolas que representam, aguardando a hora do desfile para os jurados.

No entanto, o interesse de Lisinka está do outro lado. A todo momento, ela torneia o pescoço para a porta central do salão, por onde não para de entrar gente. Sua tia Irma começa a contar uma história que todos já sabem de cor, aquela que o avô Adolpho foi atingido por uma "bola de cheiro" durante um baile de Carnaval e quase ficou cego.

– Mas isso aconteceu na sede anterior da Germânia, incendiada durante os tumultos de 1917, quando um bando de celerados saiu promovendo atentados contra empresas alemãs – prossegue a tia.

Maria Luiza distrai-se do drama do avô e dos alemães agredidos e volta-se para sua própria tragédia. Uma semana depois de enviar uma carta a Heinz, propondo que deixassem de se ver por algum tempo, como um teste de seus sentimentos mútuos, ele foi ao encontro dela em uma festa na casa de uma amiga. Desde então, sua mãe redobrou a vigilância. Passou a levar a filha às festas e permanecer até ter certeza de que Heinz não apareceria. Em casa, cada vez que soa a campainha do telefone, Erika se apressa em atender. Quando escuta o motor de algum motociclo, põe-se de prontidão.

Lisinka mergulhou em uma angústia que a faz chorar diante de qualquer situação. Permanece o tempo todo em seu quarto, na companhia do gato Huckey, registrando as desventuras da vida em seu diário.

– Horrível – continua a falar tia Irma. – A empresa do avô de vocês depredada, quebraram os vidros, tentaram forçar a porta. E papai lá dentro, com alguns empregados. Imagina se entram? Nem é bom pensar. E o que a gente tinha a ver com a guerra? Nada. Só porque éramos alemães... Algum problema, Lisinka?

– Uma indisposição, tia. Já vai passar.

O olhar da moça intromete-se entre os grupos de jovens que ocupam a pista central. Os rapazes de smoking e cortes de cabelo semelhantes parecem, todos, réplicas de um mesmo modelo, e até as garotas, com seus vestidos com cores, estampas e tecidos variados são como se fossem variações da mesma pessoa. Seus olhos buscam uma surpresa.

Lisinka não sabe se Heinz virá ao baile. Tem saudades de seus beijos e dos momentos de intimidade, mas não sabe como ele irá se comportar, especialmente porque Paulo Hans Fayet, o estudante de Engenharia que lhe faz um assédio encabulado, certamente estará por perto.

Quase tão jovem quanto os presentes, o jornalista Adail Fortes ocupa o microfone para anunciar as autoridades, a quem pede uma salva de palmas: o intendente José Loureiro da Silva e o secretário da Educação Coelho de Souza, representando o interventor Cordeiro da Silva, que se encontra em missão oficial no Uruguai.

– Pedimos que o nosso intendente diga algumas palavras para os jovens aqui presentes.

A figura graúda de Loureiro da Silva sobe ao palco e saúda os estudantes:

– Fiz questão de incluir o baile na programação do Bicentenário de Porto Alegre, como uma *avant-première* da grande celebração que ocorrerá em novembro.

Os festejos são esmaecidos por uma incômoda polêmica. Até o ano anterior, o aniversário da cidade era comemorado no dia 26 de março, data em que, no ano de 1772, Porto Alegre foi criada oficialmente por um decreto do governador provincial, João Marcelino de Figueiredo.

No entanto, em 1939, o Instituto Histórico e Geográfico localizou uma carta da Coroa Portuguesa concedendo uma sesmaria a Jerônimo de Ornellas, coincidentemente tataravô do intendente José Loureiro da Silva. De posse do documento, ele mudou a data de aniversário da cidade e anunciou uma grande comemoração do bicentenário, contra a posição da maioria dos historiadores, o que o obriga a defender sua posição sempre que é instado a falar em público.

– Não estamos comemorando os duzentos anos de fundação da cidade, é bom que fique claro, mas sim o bicentenário de colonização – ele diz aos estudantes. – Embora os historiadores se percam em bizantinismo e discussões que não interessam no momento, a verdade é que a carta que outorgou a Jerônimo de Ornellas a sesmaria de campo é de 5 de novembro de 1740. Portanto, meu tataravô é o primeiro colonizador de Porto Alegre. Nada mais justo que comemoremos esse fato histórico de forma entusiástica.

Lisinka repara a presença de dois companheiros do grupo de motociclistas de Heinz, Werner Wallig e Enio Sander. Seu coração acelera. Enxerga mais um, Vilmo Caleffi. Desvia o olhar para o palco onde o intendente continua falando:

Os "Mickeys" vêm em direção à mesa e a cumprimentam com acenos de cabeça. Passam alguns segundos até Maria Luiza se certificar que Heinz não se encontra entre eles.

– Não quero mais aborrecê-los – prossegue o intendente –, mas sim desejar um bom divertimento e, para as nossas belas candidatas, boa sorte e que o júri qualificado cumpra a contento essa difícil missão de escolher a mais bonita.

Aplaudido com entusiasmo, o intendente passa a palavra para o presidente do Centro de Estudos Pré-Universitários, Ajadil de Lemos. O jovem reitera que a escolha da rainha está contagiando as classes estudantis e disseminando os valores da camaradagem e da rivalidade construtiva. Anuncia que a rainha será escolhida por um júri de notáveis, integrado pelo diretor do Instituto de Belas Artes, Tasso Correa, o pintor Ângelo Guido e os jornalistas Justino Martins, editor da *Revista do Globo*, e Nilo Ruschel, diretor do Departamento de Publicidade do Bicentenário.

– Vamos, então, dar início ao desfile das belas candidatas, representantes dos nossos ginásios e faculdades.

– Vou ao *toilette* – diz Lisinka.

*

Diante da penteadeira, Erika Dörken fica a imaginar o que pode estar acontecendo no salão da Germânia naquele momento. Maria Luiza e

Heinz estão afastados. Ao que se saiba, ele não estará no baile. Assim, o jovem Paulo Hans Fayet se sentirá encorajado a se aproximar de sua filha. Ela simpatiza com o rapaz, gosta de sua companhia e acha sua conversa interessante. A amizade entre os dois pode ser uma base segura para o início de um relacionamento mais sério, uma nova vida para aplacar a tristeza de sua filha longe da imaturidade de Heinz. E longe de Frida.

Enquanto o ruído suave do Standard Flying se aproxima da casa, a imagem provocativa de Frida se instala de vez na mente de Erika. As duas têm quase a mesma idade, em torno de 40 anos, mas, enquanto Erika conserva a saudável aparência de uma mulher de meia-idade, respeitável mãe de família, Frida ostenta um comportamento anacrônico, sempre um tom acima do aceitável, saliente, exibicionista, volúvel, quase vulgar. É bonita, admite Erika. Usa roupas decotadas, fuma, bebe, flerta, fala alto, faz beicinho. *Acting*, como costuma definir *mister* Arthur, com algum desprezo. Frida prefere participar das rodas masculinas, despertando sorrisos lascivos dos homens - quem não fantasia ter um caso com ela? - e a censura das mulheres.

As duas são desquitadas, o que, entre os luteranos, não chega a ser algo fora do comum. Mas Erika separou-se de Hermann por uma decisão tomada ante a ausência de interesse mútuo na continuidade do casamento, como uma cuca que abatumou por falta de bons ingredientes. Ao contrário, o pobre Eithel Fritz Schmeling suportou o que pôde o comportamento esdrúxulo de Frida e o falatório que originava, até que a paciência se esgotou e ele praticamente a botou para fora de casa.

Enquanto o desquite de Erika primou pelo silêncio e pelo desinteresse geral, o de Frida continua produzindo controvérsias, até porque, em pouco tempo, ela já estava vivendo com Hans Freiherr, um tipo fechado, que ninguém conhece direito. Erika, por sua vez, casou-se com um homem respeitado e admirado por todos por sua inteligência, bom senso e posição social.

Arthur encontra o quarto aquecido pela estufa elétrica e Erika escovando os cabelos diante da penteadeira.

- E então?
- Ficou em silêncio toda a viagem. Nunca vi Maria Luiza tão abatida.
- Isso passa.
- Será? - questiona Arthur, livrando-se das roupas de lã.
- Eu conheço a minha filha.
- Nesses assuntos sentimentais, a interferência dos adultos costuma ter efeito contrário ao desejado. Daqui a pouco, isso vira Romeu e Julieta.
- Eu sei o que eu faço. O importante é que Lisinka já tomou a decisão de se afastar do rapaz.
- Por um tempo.
- Eu vou ajudar para que seja definitivo.
- Deixe que ela decida.
- Já decidiu.
- Nunca subestime a sabedoria de Shakespeare, Erika!

*

Quando se prepara para dormir, Frida Wiedmann escuta ruídos nervosos vindos da sala. Veste o roupão, vai até a sala e encontra o filho Heinz Werner de smoking, impaciente, discando no telefone de parede. Ela acompanha a aflição do rapaz desde a manhã daquele sábado. Heinz ligou várias vezes para Telma Nygaard, prima de Maria Luiza, querendo saber se Lisinka iria ao baile.

- Achei que tinha desistido do baile - Frida diz ao filho.
- Mudei de ideia.
- Não é meio tarde?
- Ih, o baile vai até a madrugada. O problema é que não estou conseguindo chamar um auto de praça - resmunga o rapaz.

Frida vacila alguns instantes, enquanto aumenta a irritação de Heinz ao telefone. Finalmente, ela decide.

- Pega o auto do Hans.

— Mas... ele não vai gostar.

— Ele está dormindo. Depois, eu me entendo com ele. Mas, por favor, sem correr! Não beba e não volte tarde.

Heinz gira a chave de ignição do novíssimo Ford V8 do padrasto, pisa no acelerador e abre um sorriso com o som que escuta.

*

Hôtel du Nord desenrola-se em tomadas sombrias, pontuado pela trilha musical pesada que aprisiona a atenção do público. Pierre atirou em Renée, mas não teve coragem de se suicidar. Edmond o ajuda a fugir. No entanto, Renée ficara apenas ferida. Ao se recuperar, é acolhida pelos proprietários do hotel e deixa-se conquistar pelo cafetão Edmond. Tomado de remorso, Pierre entrega-se à Polícia. O filme, a partir daí, deixa de lado a ação e se concentra nos dilemas morais dos personagens. Na prisão, o deprimido Pierre reflete sobre seu ato de covardia. Praticamente ressuscitada, Renée começa a ver a vida com outros olhos e se culpa por ter induzido Pierre ao plano suicida.

Após vários encontros e desencontros, o filme alcança o seu desfecho. Libertado, Pierre procura Renée durante o grande baile comemorativo do 14 de julho, data nacional da França, na frente do Hotel do Norte. Os dois resolvem suas vicissitudes, perdoam-se mutuamente e reatam o namoro. Em meio a fogos de artifício, Edmond é morto pelo novo amante da prostituta Raimond. Já de madrugada, na frente do hotel, Renée e Pierre sentam-se abraçados no mesmo banco da cena inicial.

Renée – "O sol está nascendo."

Pierre – "Teremos um dia adorável."

Renée – "Vamos. Este é o fim."

Pierre – "Fim do quê?"

Renée – "Fim do Hôtel du Nord."

Pierre e Renée saem de braços dados e atravessam a ponte Saint Martin, percorrendo um trajeto inverso ao do começo do filme. *Grand fi-*

nale, cheio de simbologias que ocuparão a mente de Paulo Koetz pelo resto da noite.

*

Telma Nygaard encontra Maria Luiza às lágrimas no *toilette* feminino, mas não pede explicações. Com um lenço, limpa delicadamente os pequenos borrões que o choro provocou abaixo dos olhos da prima.

- Estou um pouco sensível - diz Lisinka.
- Vem, agora vão começar as danças.

De volta à mesa, ela encontra um sorridente Paulo Hans Fayet conversando com Magda. Meio desajeitado, ele a convida para dançar. Apesar de tímido, Paulo Hans é um ótimo dançarino e consegue animá-la com rodopios acrobáticos. Maria Luiza consegue até sorrir em alguns momentos.

- Pensei que estaria com Heinz Werner.
- Nós estamos... - ela demora um pouco para escolher a palavra - ...afastados. Por um tempo.

Ao perceber a empolgação de Paulo Hans, ela quase se arrepende do que falou. Os dois dançam, conversam e riem. Ele elogia seu vestido, pergunta qual das candidatas ela achou mais bonita, fala que conseguiu trabalho em um grande escritório de engenharia, mas em breve pretende ter o seu próprio. Pela primeira vez em muitos dias, a garota sente uma leveza na alma. Paulo funciona como uma espécie de ancoradouro, em que pode se proteger no curso da sua tristeza.

A música cessa. Lisinka retorna à mesa e só então nota a presença de Heinz, sentado com seus amigos "Mickeys", bem próximo de onde ela se encontra.

*

Paulo Koetz deixa o cinema e caminha intrigado em direção ao Mercado Público. *Hôtel du Nord* foi produzido em 1938, quando já se desenhava o expansionismo alemão. O que levaria um cineasta importante e engajado como Marcel Carné a realizar um filme romântico com pitadas policiais em um momento tão crucial da História? Qual é a relação entre as desventuras amorosas do casal suicida e a tragédia da Europa?

No Bar Chopp Naval, entre rufiões, prostitutas e desocupados rindo alto e cantarolando sambas antigos com vozes embargadas, Paulo pede uma garrafa de Hércules Bock e põe a cabeça a funcionar. Carné previu que o imperialismo alemão chegaria à França. Pierre e Renée são dois amantes desamparados pela vida, ante uma barreira intransponível, que, no filme, não fica claramente definida. Em torno deles, existe a indiferença geral. Tudo em volta lhes é hostil. Assim, só lhes resta a solução extrema: o suicídio mútuo. Não estaria ali uma boa alegoria sobre o que acontece na Europa, sob o domínio nazista e a indiferença das grandes potências?

O gângster Edmond intervém e passa a manipular os demais personagens com sua esperteza e determinação. Naquele momento, assume o protagonismo da história. Ele representa o opressor. Transladado para a realidade europeia, o gigolô é o intervencionista, o nazista, o próprio Hitler. Excitado, Paulo bebe o último gole da garrafa de cerveja preta e pede outra. Pensa em Annabella, que faz a jovem loura suicida. A personagem Renée é a Europa, bela e entristecida pela adversidade, que perdeu seu livre-arbítrio. A fraqueza de seu namorado Pierre ao não cumprir o pacto – o que lhe custa a perda da própria honra – é a mesma covardia dos que governam os países ocupados.

O improvável final feliz, não por acaso em plena festa de 14 de Julho – a tomada da Bastilha –, complementa a declaração política de Marcel Carné. Paulo lembra-se do último diálogo: o sol está nascendo, teremos um dia adorável. Frases ingênuas, bobas até, se examinadas fora do conteúdo que o diretor quer expressar. São, na verdade, declarações carregadas de simbologia, de crença no futuro da humanidade. Depois, os dois atravessam a ponte do canal Saint Martin, deixando para trás a realidade amarga e opressiva representada pelo Hôtel du Nord.

Paulo esvazia o copo de bock e limpa com a manga puída do casaco uma furtiva lágrima que lhe escapa quando se dá conta da grandiosidade da mensagem de resistência contida no drama. A par de todas as desgraças, a liberdade triunfará. O invasor será eliminado como Edmond, e os europeus - Renée e Pierre - se reencontrarão entre si no caminho de um novo amanhã. Paulo exulta. O filme começa ao cair da tarde, no início de um temporal, e encerra quando o dia amanhece. O sol está nascendo. Um dia adorável. *Le jour de gloire est arrivé.* Paulo pede outra cerveja, enche o copo e ergue um brinde:

– *Vive la France!*

Nas outras mesas, alguns erguem seus copos, outros lhe dirigem impropérios. Uma mulher de meia-idade com maquiagem excessiva gira o dedo indicador em torno do ouvido e solta uma estrondosa gargalhada que se mistura com tosse.

– *Allons enfants de la patrie...* – Paulo começa a cantar em voz alta. A sílaba final soa mais aguda que ele pretendia.

Paulo percebe que, mais uma vez, está bêbado.

*

Quando seus olhos se cruzam com os de Heinz Schmeling, Maria Luiza abre um sorriso e lhe faz um aceno, mas Heinz permanece sério, bebericando um copo de uísque. Passam-se alguns instantes até que ele se aproxima. Mas, em vez se se dirigir a ela, interpela Paulo Fayet, que não havia percebido sua presença.

– Que história é essa de ficar dançando com a minha namorada?

Aturdido, Paulo olha para Lisinka.

– Heinz... – ela começa.

– Estou falando com ele – grita Heinz, sem desviar os olhos do rival.

– Que eu saiba, vocês dois... – começa Paulo, mas, sobre o ombro de Heinz, enxerga Lisinka sacudir a cabeça.

- Nós dois o quê? - insiste Heinz.

- Olha, estou dançando com Maria Luiza como camarada, não como namorado ou pretendente - tenta contemporizar Paulo Hans.

- Natural, porque o namorado sou eu.

- Acho que você deve se entender com Maria Luiza.

Ela aproxima-se dos dois.

- Heinz, por favor, não crie caso - consegue dizer.

O nervosismo de Heinz transborda em gestos e...

- Criar caso, eu? Esse sujeito se aproveita da minha ausência...

- Por favor, te controla. Senão, eu vou embora! - implora a jovem.

Um rumor aflito começa a tomar conta do ambiente.

- Vai se dar! - a voz amplificada de Adail Fortes ecoa pelo salão.

Uma explosão de gritos sacode o ambiente. Heinz e Paulo Hans permanecem se encarando.

- Olha, vão anunciar a rainha!

- Por favor, um minuto de atenção - solicita Adail. - Chegou a hora tão esperada! Finalmente, volta a comissão julgadora que vai fazer a esperada proclamação. Chamo o organizador desta maravilhosa festa para anunciar o resultado.

O presidente do Centro de Estudos Pré-Universitários, Ajadil de Lemos, assume o microfone.

- A comissão julgadora houve por bem considerar que todas as candidatas eram iguais e suficientemente belas para ostentar o título de Rainha dos Estudantes.

O salão é preenchido por um longo rumor. Piadas e protestos são dirigidos ao sorridente apresentador, que faz o que pode para prolongar o mistério. Quando, por fim, reina o silêncio, ele prossegue:

- No entanto, como se fazia mister escolher uma, a comissão decidiu que aquela que bem representa a classe dentro dos preceitos de graça, beleza e eugenia é a representante do..., do...

Faz uma nova pausa, para saborear a ansiedade reinante.

- ...Ginásio Júlio de Castilhos! A senhorita Lilia Maria Vidal!

Ajadil vai até o grupo de candidatas e traz pela mão uma garota de cabelos negros ondulados.

A eleita leva as mãos ao rosto e logo é cercada pelas concorrentes, enquanto em um dos cantos do salão explode o grito uníssono dos alunos do "Julinho", saudando a colega. Ajadil vai até o grupo de candidatas e traz pela mão uma garota de cabelos negros ondulados, nariz suavemente arrebitado e sorriso contagiante.

– Li-lia! Li-lia!

As comemorações duram uns bons minutos. Quando o volume do entusiasmo diminui, Ajadil faz um gesto e a orquestra de Paulo Coelho começa a executar uma vigorosa polonaise. Abre-se um clarão, e o intendente Loureiro da Silva e sua esposa deslizam para a pista. Imediatamente, dezenas de outros casais lhes fazem companhia. Heinz estica a mão para Maria Luiza e os dois se dirigem à pista. Em vez de dançarem, permanecem abraçados, imóveis. Paulo Hans volta lentamente para sua mesa.

Passados alguns minutos, Lisinka vai até a chapelaria e volta com o casaco de lã.

– Vou até lá fora conversar um pouco com Heinz – ela diz a uma das primas.

DOMINGO, 18 DE AGOSTO

Erika Dörken acorda cedo e vai adotando as providências necessárias para o início do dia. Faz café, ferve o leite, distribui os pratos na mesa da copa e prepara a refeição com base em leite Ninho para o pequeno Edward Roy. Serve um pires de leite para o gato Huckey, que perambula indócil pelo corredor. Erika entra no quarto vazio de Lisinka e encontra a cama cheia de vestidos, exatamente como a filha o deixou, na véspera.

Na sala, toca o telefone. Sua mãe, Ema, pergunta:

– Alô, Erika. Estou ligando para me certificar que Lisinka voltou para casa.

– Como assim? Ela iria dormir aí, mamãe.

– Eu estranhei que ela não veio, por isso estou ligando.

– Bem, talvez tenha ido para a casa de Irma.

Erika liga para sua irmã.

– Achei que ela tivesse voltado para casa – responde Irma.

– Ela estava com vocês.

– Bem, uma das meninas viu Lisinka sair do baile com Heinz Schmeling. Achei que ele a levaria para casa.

– Heinz?

Erika sente-se desconcertada. Logo, começa a buscar alguma explicação que a livre da estranheza que começa a se apoderar dela.

– Será que eles voltaram ao baile?

- Até a hora que ficamos, não.

Decerto, ficou tarde e ela dormiu na casa de alguma amiga, imagina Erika. Tudo tem sua razão de ser. Tudo vai se resolver. Por telefone, Erika acorda várias amigas da filha, mas só ouve bocejos e negativas. Algumas a viram sair, mas nenhuma a viu retornar. *Mister* Arthur Haybittle aparece de roupão, acordado pelo alvoroço produzido pela esposa. Ouve um relato nervoso e sugere:

- Telefona para o rapaz.

Contrariada, Erika procura o número de Heinz na caderneta. Disca o número 1919. Somente no quinto toque escuta uma voz lânguida pronunciar um "alô" um tanto prolongado:

- Frida? Aqui é Erika. Mãe de Maria Luiza. Eu gostaria de falar com Heinz Werner.

- Ele ainda está dormindo.

- É urgente - insiste Erika.

Frida não faz questão de disfarçar a má vontade:

- Lamento, mas Heinz não gosta de ser acordado.

- Ontem à noite, ele saiu do baile com Maria Luiza, só que ela ainda não apareceu em casa. Estou um pouco preocupada...

A frase soa mais humilde do que Erika pretendia. Depois de algum silêncio, Frida responde:

- Um momento.

Alguns instantes depois, volta ao aparelho. Sua voz, agora, tem outra entonação.

- Heinz não está. Acho que não dormiu em casa.

Erika deixa escapar um longo suspiro. Nenhuma das duas sabe o que dizer. Frida toma a iniciativa.

- Heinz não é de dormir fora, ainda mais que saiu com o automóvel do meu marido. Bem, vou procurá-lo. Qualquer coisa, eu aviso.

- Eu agradeceria.

Erika coloca o telefone no gancho e diz:

- Estou com mau pressentimento. Acho que Heinz raptou Lisinka.

*

    Paulo Koetz demora um bom tempo até se situar. A visão do ambiente vai aos poucos ganhando nitidez. Ele está em um quarto pequeno, onde rivalizam odores de umidade, perfume barato e bebida alcoólica. Está de cuecas e camiseta de baixo deitado em uma cama de ferro sobre um colchão gasto, envolto em um cobertor velho e um lençol grosseiramente engomado. Um pé ainda está de meia. O outro, não. Ao lado, está encolhida uma figura branca e curvilínea. A bela nudez lhe desperta um ímpeto. Passa a mão suavemente no dorso macio, do pescoço até as nádegas fornidas. Inútil. Repete o movimento mais duas vezes. A moça resmunga e vira de lado.

    Ele põe-se de pé, espreguiçando-se. Olha o relógio. Passa do meio-dia. Olha de novo para a acompanhante e tenta lembrar o que aconteceu, se é que algo aconteceu. Fica algum tempo olhando para ela na esperança que acorde. Desiste. Coloca o cobertor sobre a garota, veste o terno surrado e deixa o quarto. Desce um lance de escadas, cruza o salão do Drink Liliane, que está sendo limpo por duas faxineiras, e ganha as ruas.

    Atravessa a Praça Parobé, onde alguns namorados já posam para fotografias junto à fonte de cobre, contorna o Mercado Público pelo lado do abrigo dos bondes e sobe a Avenida Borges de Medeiros em direção à Rua da Praia.

    É um domingo frio e nebuloso. Ele tenta reconstituir seu trajeto da véspera, mas o máximo que sua memória alcança é o Cine Roxy e o Bar Naval.

    Na Lancheria Matheus, defronte à Praça da Alfândega, Paulo Koetz devora croquetes irrigados por uma garrafa de cerveja. Surgem alguns flashes imprecisos das lâmpadas coloridas do Drink Liliane e uma loirinha se despindo, mas são imagens esparsas que não compõem uma lembrança real.

    A redação do *Correio do Povo* fica vazia aos domingos. Como o jornal não circula às segundas-feiras, qualquer assunto de interesse jornalístico será tratado no dia seguinte, quando as repartições estão abertas e as autoridades, mais disponíveis para prestarem informações. Ainda assim, pelo menos um jornalista deve ficar de plantão para atender telefonemas e receber os telegramas das agências de notícias. Como é um dos poucos solteiros e não tem outro emprego, Paulo Koetz se escala para os tediosos plantões dominicais, quando terá apenas a companhia dos repórteres esportivos após as partidas de futebol e os páreos do turfe. Na sala ao lado, funciona o vespertino *Folha da Tarde*, que não circula aos domingos, mas sai às segundas e tem sua própria equipe.

Na redação, Koetz é recepcionado pelo olhar sarcástico do colega Adail Fortes, preparando-se para ir embora.

– Com a mesma roupa. Não foste em casa?

– Fiquei por aí.

– Ressaca?

– Meu problema se resume a isso: eu nunca sinto ressaca. E o baile?

Adail aponta um molho de laudas dobradas sobre a mesa.

– Deixei ali a matéria sobre o Baile dos Estudantes. Tem que passar para o pessoal da *Folha*. Tchau pra ti.

Adail dirige-se para o corredor de saída, pega o sobretudo no cabide, mas dá meia-volta.

– Ah, ia esquecendo. Recebi telefonemas de duas moças que não quiseram se identificar dando conta de que um casal de namorados teria sumido à saída do baile de ontem. Elas teriam sido procuradas pela mãe da moça desaparecida, uma tal Maria Luiza. Pode não ser nada, mas é bom ficar atento, porque são de famílias da alta sociedade.

– De quais famílias estamos falando?

Adail confere suas anotações:

– Heinz Schmeling e Maria Luiza Häussler. São filhos de empresários graúdos da indústria. Além disso, a moça é enteada do gerente do Banco de Londres. Conhece?

Koetz faz que não com a cabeça.

– Arthur Haybittle – esclarece Adail. – Já o entrevistei uma vez. Um chato! Parece que o namoro encontrava resistências da família dela. Tipo Romeu e Julieta.

Pierre e Renée, pensa Paulo.

– Convém ficar atento – despede-se Adail. – Telefona para os teus amigos da Polícia.

Paulo Koetz está perplexo. À noite, assiste a um filme cuja trama se desenvolve em torno de um casal de jovens que faz um pacto de morte diante da incompreensão geral. Na mesma noite, dois jovens de carne e osso, cujo namoro não é bem-visto, desaparecem ao fim de um baile.

Decide ligar para a Repartição Central de Polícia, na esperança de que seu amigo, o inspetor Hilton Cabral, esteja de plantão.

– Assunto confidencial – o policial desconversa.

– Mas está dando o que falar.

– Só posso dizer que essas "fugas" de namorados grã-finos têm acontecido com frequência. Parece que todo mundo está virando "moderninho". Daqui a pouco, aparecem com a maior cara de anjinhos.

– A Polícia está investigando?

– Repito: assunto confidencial. Olha, Koetz, me liga mais tarde que eu te digo alguma coisa.

A tarde transcorre fria e modorrenta, como são os plantões dominicais. Por duas vezes, Paulo Koetz escapa até o bar ao lado da redação para se aquecer de conhaque. Retorna chupando balas de hortelã e se recosta em uma cadeira. Aos poucos, os eflúvios etílicos começam a fazer efeito. Ele vai lentamente perdendo os sentidos, como se caísse de costas em um interminável precipício. Em meio à vertigem, enxerga um casal de jovens acompanhando sua queda, rodopiando no ar com trajes de festa e sorrindo para ele. A jovem, às vezes, tem as feições de Annabella, a atriz francesa que interpreta Renée. Outras vezes, é a mulher pintada no Bar Naval ou a garota do Drink Liliane, com quem se enfurnou em um quarto dos fundos na noite passada, mas não consegue lembrar o que ocorreu.

O rapaz também muda de cara: ora é o ator que faz o papel de Pierre, às vezes é o gângster Edmond, outras vezes aparece com a cara do colega Adail Fortes. Agora, a moça dança com ele e lhe oferece uma pistola. Os dois jovens estão juntos novamente, rindo dele. Paulo Koetz encontra-se na escuridão de uma sala de cinema, com uma pistola na mão. Os jovens se afastam, abanando. Um tiro ecoa. Depois outro. E uma série de tiros que se confundem com o matraquear das máquinas de escrever.

Paulo Koetz desperta do pesadelo e identifica o rosto do repórter esportivo Ari Lund, datilografando furiosamente na mesa em frente.

- Cochilando no serviço, colega?
- É o tédio dominical.

Lund faz uma expressão maliciosa. Koetz fica sem jeito.

- Quanto foi o jogo? - tenta mudar de assunto.
- Quatro a quatro, mas faltando dez minutos, o colorado perdia de 4 a 2.
- Pra quem, mesmo?
- São José. Torce para o Inter, Koetz?
- Grêmio.
- Só podia, com esse sobrenome.

Paulo recompõe-se na cadeira, apanha as anotações de Adail Fortes e começa a folhear a lista telefônica. Na página 63, desliza o dedo indicador sobre os nomes Hasslocher, Eduardo; Haus & Cia., Luiz; Hauschild, Edgard; Haussen, Eugênio, até encontrar o que procura: Haybittle, Arthur M. Ele disca 9899.

Ao segundo toque, escuta um alô que, para ele, soa como *hello* um tanto ansioso.

- *Mister* Haybittle?
- Pois não?
- Aqui é Paulo Koetz, do *Correio do Povo*.
- ...
- Recebemos informações de um incidente envolvendo um casal de namorados à saída do baile da Sociedade Germânia.

- Incidente?

- Eles estariam desaparecidos desde ontem. Consta que a moça seria sua enteada. Maria Luiza, é isso?

- ...

- *Mister* Haybittle?

- Olha, esse é um assunto privado, que está sendo tratado no âmbito familiar. Não creio, francamente, que possa ter alguma importância para o seu jornal.

- Bem, naturalmente, não temos disposição de divulgar nada que contrarie a vontade da família. Mas é nossa obrigação...

- Como eu lhe disse, é um assunto privado.

- Bem, pelo menos o senhor poderia dizer se sua enteada já voltou para casa.

- Olhe, vou ter que desligar. Não há realmente o que dizer no momento. E passe bem.

Paulo volta a folhear o guia telefônico. Encontra dois Schmeling. O primeiro, Eithel Fritz, seria o pai de Heinz, conforme a pesquisa inicial de Adail Fortes. Paulo disca 2807, mas ninguém atende. Liga, então, para o segundo Schmeling. Depois de três toques, uma voz jovem responde:

- Alô - atende Gert Schmeling.

- Boa tarde, quem fala é Paulo Koetz, do *Correio do Povo*. Estou procurando Heinz Schmeling. Seria seu parente?

- É meu irmão.

- Eu poderia falar com ele?

- Heinz mora com a minha mãe. O que seria?

- Bem, recebemos informações de que ele e uma moça chamada Maria Luiza estão desaparecidos desde o baile de ontem.

-Eles costumam fazer isso.

- Isso o quê?

- Sumir depois das festas e aparecerem algumas horas depois. O senhor sabe o que eu quero dizer, não é?

- Na verdade, não sei.

- Nossas famílias são muito liberais. Somos luteranos. Não temos essa hipocrisia dos católicos em relação a...

- Mas eles estavam brigados, segundo consta.

Gert Joachim Schmeling deixa escapar uma interjeição marota.

- Era fingimento, porque a mãe de Lisinka... - repentinamente, o rapaz interrompe a conversa e muda o tom da voz. - Desculpe, o senhor disse que é jornalista? Bem, não vejo qual o interesse num assunto familiar como esse.

- É que algumas pessoas telefonaram, preocupadas. Então, estou averiguando o que pode ter...

- Me desculpe, mas vou ter que desligar. Dá licença.

*

Durante todo o domingo, os plantonistas da Repartição Central de Polícia receberam telefonemas aflitos sobre o sumiço de um casal de jovens da alta sociedade à saída do Baile dos Estudantes. A família da jovem chegou a denunciar que ela teria sido raptada pelo ex-namorado. O inspetor Plínio Medina, chefe do plantão, encarregou-se das providências de rotina. Anotou todas as informações, entrou em contato com as delegacias dos bairros, solicitou averiguações nos hospitais e no necrotério. Como nada foi apurado, julgou que se tratava de uma aventura juvenil, pelo menos até prova em contrário.

A prova em contrário surge no início da noite. Heinz Schmeling reaparece sozinho em um subúrbio da cidade, portando um revólver. Antes de ir a seu encontro, o inspetor Plínio Medina telefona para a família da moça, tomando o cuidado de não revelar a estranha aparição do rapaz. É informado, então, de que Maria Luiza continua sumida. A seguir, liga para o delegado Armando Gadret, responsável pela Delegacia de Atentados à Pessoa, e lhe faz um relato sumário do caso.

Acompanhado por três agentes, o inspetor Medina ruma para Belém Velho a bordo de um DKW 1930 da chefatura. Durante o trajeto de

20 quilômetros, os policiais arriscam as mais variadas conjecturas. Todas remetem a maus presságios.

Os agentes encontram Heinz muito pálido sentado em um banco de madeira no hall do Destacamento, abraçando o próprio ventre. O inspetor Medina recebe o revólver das mãos do guarda de Belém Velho. Volta-se para o rapaz:

– Pois bem, seu Heinz. Sem mais delongas, onde está a moça?

O rapaz mantém o olhar em um ponto impreciso do chão, obrigando o policial a repetir a pergunta, em tom mais enérgico:

– Eu a deixei em uma rua do bairro Tristeza.

– Quando?

– Ontem. Ela não quis me acompanhar.

– Não é estranho deixar a namorada sozinha de madrugada no meio da rua? Por que não levou a moça em casa?

– Deixei perto de casa.

– Em qual rua?

Heinz permanece em silêncio.

– Em qual rua? – insiste o policial.

– Não sei..., na Tristeza. Quero ir pra casa.

– Primeiro, vai nos mostrar onde deixou a moça. Entra no carro!

O DKW parte de Belém Velho, seguido pelo V8 dirigido por um dos agentes. Medina senta no banco de trás ao lado de Heinz Schmeling e insiste:

– O que fizeste com a moça?

– Nós saímos do baile para fazer as pazes. Andamos a esmo...

– Onde?

– Por vários lugares. Descemos a Mostardeiro, fomos ao Mont'Serrat, não sei. Depois peguei a estrada de Tramandaí.

– Essa história está mal contada.

Quando os automóveis se aproximam do bairro Tristeza, o corpo de Heinz pende para o lado da porta, batendo com a cabeça no vidro. O inspetor tenta segurá-lo e sente uma umidade pegajosa na mão. O inspetor abre o casaco de Heinz e enxerga a camisa empapada de sangue à altura do peito.

– O que é isso?

– Maria Luiza atirou em mim – responde o rapaz, com uma voz frágil.

– Direto para a Assistência. Rápido! – o inspetor ordena ao *chauffeur*. – Conte o que houve. A verdade!

– Eu disse que queria casar com ela de qualquer maneira, de um jeito ou de outro. Lisinka pegou o revólver que estava no porta-luvas e atirou em mim. Eu desmaiei... Não sei por quanto tempo. Quando recobrei os sentidos, ela tinha sumido. Procurei por todos os lados, mas não vi mais Lisinka. Então, retornei...

O DKW ruma para o Centro da cidade na maior velocidade que consegue alcançar, não muito além de 80 quilômetros por hora. Um dos policiais examina o revólver e nota que ele calça cinco balas, mas no tambor só restam três. O inspetor Medina tenta animar o rapaz.

– O que aconteceu com ela? Diz a verdade enquanto é tempo.

Heinz perde os sentidos. O policial toca em seu pescoço para saber se ainda está vivo.

*

Frida Wiedmann passou o dia angustiada por falta de notícias sobre Heinz e pela irritação do marido Hans Freiherr por ela ter emprestado o automóvel ao filho. No final da noite, ela recebeu um telefonema do médico da família, Jorge Fayet, informando que Heinz estava hospitalizado. Perto das 11 horas, Frida chega ao Hospital Alemão, acompanhada de Hans. Na porta do quarto 96, o casal encontra o inspetor Plínio Medina, que lhe põe a par de tudo o que ocorreu durante aquele domingo. A Polícia encontrou Heinz sozinho por volta das oito da noite em um armazém de Belém Velho, onde passara a tarde dormindo. Tinha um ferimento à altura do tórax e em seu poder havia um revólver.

- Como é o revólver? - pergunta Hans.
- Um Harrington & Richardson Special, calibre 38.
- É meu. Costumo guardar no porta-luvas - revela Hans.

Frida olha para o marido, surpresa com a informação, que desconhecia.

O inspetor Medina acrescenta que, ao ser removido para o Centro, o rapaz desmaiou dentro da viatura. O projétil foi retirado há alguns instantes, em uma cirurgia que durou mais de duas horas. Heinz convalesce desacordado e seu estado é grave. Frida sente as pernas fraquejarem e é amparada pelo marido.

- Quem atirou em Heinz? - ela consegue perguntar.
- Ele acusa a namorada, Maria Luiza.

Pelos desacertos que vinham acontecendo entre Heinz e Maria Luiza, Frida temia que algo de grave pudesse acontecer, mas o máximo que lhe ocorreu é que Heinz decidisse fugir com a namorada. O policial expõe uma situação mais complicada.

- Onde está a moça? - Hans Freiherr indaga ao policial.
- Não sabemos. Nos poucos momentos em que esteve consciente, Heinz respondeu com evasivas, apesar da nossa insistência. Se a moça não aparecer, é bom providenciarem um bom advogado.

Frida tem uma crise de choro. Hans lembra-se de perguntar sobre o Ford V8.

- Está retido para averiguações - responde o inspetor.

O policial pede licença e se afasta do casal.

- Já sei - diz Frida ao marido. - Vai me criticar de novo por ter emprestado o auto? E esse revólver. Por que nunca me falaste?
- Calma, Frida. É para me proteger nas viagens. Não adianta discutir agora sem saber ao certo o que aconteceu.
- Tenho medo que Heinz tenha cometido uma loucura.

SEGUNDA-FEIRA, 19 DE AGOSTO

Observado de frente, a partir da Rua Duque de Caxias, o casarão da Repartição Central de Polícia exibe dois andares, cada um com oito janelões separados pela porta central, no térreo, e por uma sacada no segundo piso, com um mastro onde tremula o pavilhão nacional. Visto de lado, da descida da Rua Marechal Floriano, o prédio adquire um terceiro andar inferior, somando ao conjunto uma considerável área no subsolo.

Assim, o amplo edifício consegue acomodar quatro diretorias, oito delegacias especiais, os institutos de Identificação e de Medicina Legal. Ainda comporta um xadrez para detentos temporários, geralmente presos políticos em fase de interrogatório, e sobra um bom espaço para abrigar a redação e uma impressora rotativa onde é editada a revista *Vida Policial*, órgão oficial das atividades da instituição.

A maior das salas abriga a Delegacia Especial de Segurança da Pessoa e Investigações. Ali, debruçado sobre a escrivaninha, com as mãos juntas no rosto como se estivesse rezando, o delegado Armando Gadret ouve uma detalhada narrativa sobre os acontecimentos do fim de semana envolvendo a fuga de um casal de namorados e a aparição do rapaz ferido. Por vezes, se impacienta e pede que o inspetor Plínio Medina não se disperse em divagações. O delegado tem pressa. Pelo tipo de sobrenomes envolvidos, ele sabe muito bem a dimensão do caso que desabou sobre sua delegacia.

Aos 32 anos, Gadret é um dos novos delegados recrutados para modernizar a Polícia gaúcha, após a implantação do Estado Novo. Sua delegacia é encarregada das operações que envolvem atentados à pessoa, agressões e assassinatos, o que parece ser o caso. Um episódio sangrento envolvendo gente da alta sociedade não acontece todo dia. Assim que for divulgado, provocará uma incontrolável excitação pública que logo se transformará em clamor popular e cobrança sobre as autoridades. No afunilamento das responsabilidades, a pressão recairá sobre sua delegacia. Antes disso, é necessário elucidá-lo.

- A imprensa já sabe?

- O Paulo Koetz, do *Correio*, ligou ontem, antes de encontrarmos o rapaz. Não sei o quanto ele sabe.

O cérebro de Armando Gadret formula hipóteses e perguntas, que ele vai rabiscando em uma folha. É pacífico que os dois jovens se desentenderam. Ciúmes? O rapaz alega que foi baleado pela moça, que, em seguida, teria desaparecido. É plausível, mas o revólver foi disparado duas vezes. E o segundo tiro? Hipótese um: Maria Luiza dispara contra Heinz e se mata. Dois: ela atira em Heinz, que, ferido, arrebata o revólver e atira nela. Três: Heinz dá um tiro em Maria Luiza e tenta se matar. Ou apenas simula uma tentativa de suicídio, o que, a princípio, não é provável, já que o ferimento é muito próximo ao coração. Em qualquer dos casos, persiste a questão: o que é feito de Maria Luiza?

Cherchez la femme! Nunca o jargão da literatura policial parece tão adequado.

- Temos que encontrar a moça imediatamente, Plínio. Conseguiste dormir?

- Duas horas. Francamente, o senhor não acredita que ela esteja viva, não é?

- Nada pode ser descartado neste primeiro momento.

- Não tenho dúvida de que ele vai confessar, chefe. Ontem, foi por muito pouco. Se não desmaiasse... Ele não tem saída. Vai acabar admitindo que matou a moça e nos contar onde escondeu o corpo.

Observado de frente, a partir da Rua Duque de Caxias, o casarão da Repartição Central de Polícia exibe dois andares.

– Só sei que precisamos resolver esse caso de uma vez, antes que se torne público. Estou indo ao Hospital Alemão tentar obter a confissão.

– Ele está no quarto 96.

– Te concentra na moça, Plínio. Quero uma varredura nos locais mencionados pelo rapaz. Vamos conferir com a Polícia Rodoviária pra saber se ele saiu mesmo da cidade. Precisamos ouvir testemunhas, vizinhos, familiares, guardadores de carro do baile, qualquer criatura que tenha visto os dois. Quero também um exame minucioso no V8.

– A Polícia Técnica já está providenciando. Alguma coisa vai aparecer.

*

Arthur Haybittle leva o enteado Ernesto à escola, mas, em vez de seguir para o banco, retorna à casa da Pedra Redonda. Erika passou a noite em claro, sentada no sofá ao lado do telefone. O marido ficou com ela. Quando conseguia cochilar, o choro da esposa Erika o acordava. Haybittle encontra Erika na mesma posição. Sugere que ela descanse um pouco e promete acordá-la se houver novidades. Antes que ela responda, o telefone da sala finalmente toca. Erika pula sobre o aparelho. Do outro lado da linha, em tom grave, seu cunhado Cristiano Nygaard pede para falar com o marido.

- Arthur? As notícias não são boas. Heinz foi encontrado sozinho e ferido, no final da tarde de ontem.

- E Maria Luiza? - pergunta *mister* Arthur.

- Ninguém sabe. Enquanto estava lúcido, Heinz respondeu com evasivas.

Aflita, Erika pergunta o que está acontecendo.

- Ele tem que dizer alguma coisa! - insiste Arthur.

- Heinz foi operado - prossegue Cristiano. - No momento, está no Hospital Alemão, convalescendo.

- O que aconteceu, Arthur, pelo amor de Deus? - Erika agarra seu braço.

- O que diz a Polícia? - pergunta Haybittle, ao telefone.

- Polícia! - grita Erika.

- Diz para nos prepararmos para o pior - responde Cristiano. - Você deve ficar com Erika. Estarei acompanhando os acontecimentos e ligo em caso de novidades.

O inglês desliga o telefone e demora um pouco para encarar a esposa, buscando palavras. Erika mantém os olhos arregalados nele.

*

O delegado Armando Gadret passa reto pela portaria do Hospital Alemão, desprezando os procedimentos de rotina, e se encaminha direto para o quarto 96, perseguido por um grupo de irmãs evangélicas uniformizadas e nervosas. Abre a porta do quarto sem bater. Junto com Heinz Schmeling está uma mulher de meia-idade ruiva e bonita, com profundas olheiras, que se apresenta como Frida Wiedmann, mãe do rapaz.

- Dona Frida, sou o delegado Armando Gadret e preciso fazer algumas perguntas para seu filho.

- Ele está muito debilitado.

- Não pretendo tomar muito tempo, mas temos uma moça desaparecida e é preciso encontrá-la.

Sem esperar resposta, ele se dirige à cama. Heinz Schmeling tem um pano úmido sobre a testa.

- Esse senhor é da Polícia e quer te fazer algumas perguntas, filho.

- Polícia?

- Pois bem, Heinz. Onde está Maria Luiza?

- Eu não sei!

- O que aconteceu à saída do baile?

Heinz olha assustado para a mãe.

- Fale! - insiste o delegado.

- Saímos para conversar. Estávamos brigados por bobagem e eu quis fazer as pazes.

- Que horas eram?

- Três da manhã, mais ou menos.

- Tu obrigaste Maria Luiza a sair do baile?

- Não!

O delegado Gadret ergue-se da cadeira e se curva sobre Heinz.

- Cometeste um rapto, confessa!

- Ela me acompanhou porque quis. Pode perguntar pra qualquer pessoa, as primas dela viram tudo.

Gadret volta a sentar-se.

- Para onde foram?

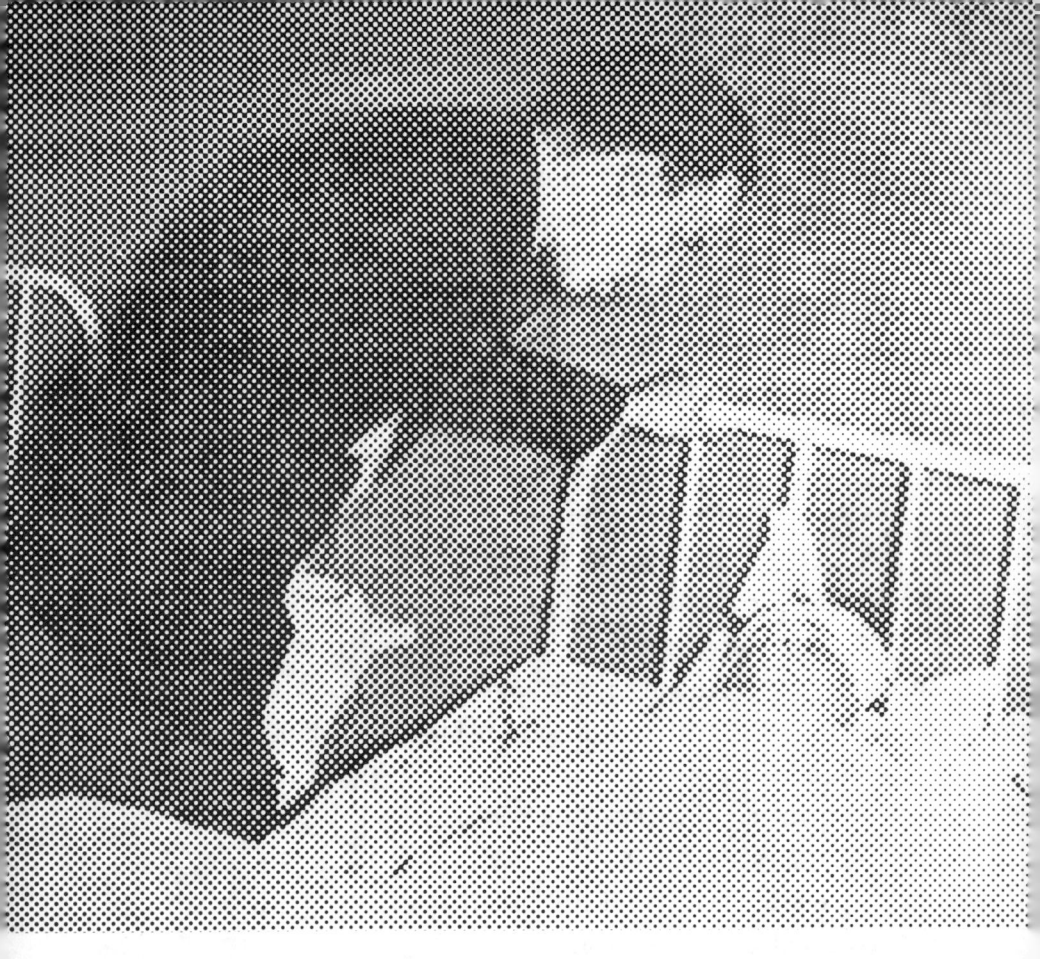

- Cometeste um rapto, confessa!

- Saí andando a esmo. Sei que passamos pelo campo do Grêmio, acho que pelo morro do IPA, não lembro mais. Não vi o tempo passar. Quando me dei conta, estava fora da cidade. Passamos por Gravataí e estávamos perto de uma lagoa.
- O que fizeste com a moça?
- Eu queria casar com ela de qualquer maneira, de um jeito ou de outro. Eu disse que ela seria minha e, então, os pais concordariam com o casamento.
- Então, violentaste a moça!

Heinz assusta-se.

Frida intervém:

- Por favor, delegado!

- Não! Não houve violência. Eu não a obriguei. A princípio, ela não queria, mas... Finalmente, concordou e fomos para o banco de trás do carro. Consegui o que desejava e fiquei mais tranquilo, pensando que as coisas dali para frente seriam mais fáceis. De repente, num descuido meu, ela pegou o revólver e atirou em mim. Eu desmaiei... Não sei por quanto tempo. Quando recobrei os sentidos, ela tinha sumido. Procurei por todos os lados, mas não vi mais Lisinka. Então, retornei...

- Tu a obrigaste com o revólver. Conta a verdade!

Heinz respira fundo.

- Não. Ela pegou o revólver do meu padrasto que estava no porta-luvas sem que eu visse. Ela estava nervosa, eu tentava acalmá-la. Então, ouvi um tiro e senti uma dor no peito.

- Daí, pegaste o revólver e atiraste nela.

- Não. Eu perdi os sentidos. Depois de dar o tiro em mim, ela fugiu... Quem sabe, não cometeu alguma loucura?

- Essa história tá mal contada. Faltam duas balas no revólver. Então, houve outro tiro.

Heinz Schmeling entra em surto e passa a se contorcer na cama.

- Eu vou morrer, eu preciso morrer.

Frida segura a mão do filho.

- Não quero falar mais nada... - diz Heinz, e logo perde os sentidos.

Uma das irmãs evangélicas vai até o delegado.

- Por favor, ele não pode receber visitas. O estado dele é grave.

- Vou voltar à tarde e espero que ele esteja acordado e diga a verdade - o policial anuncia em voz alta.

*

Atrás do balcão da Delegacia Especial de Segurança da Pessoa e Vigilância, há uma boa quantidade de mesas, cadeiras, armários, máquinas de escrever, dois aparelhos telefônicos e um radiotransmissor. Embora seja a delegacia com maior número de agentes, Paulo Koetz só encontra um inspetor no local.

— Sozinho, meu chapa? — pergunta Paulo Koetz.

— O pessoal está em diligência — responde o inspetor.

— Todo mundo? Deve ser coisa grande. Aposto que se trata daquele casal.

— Que casal?

— Ora, inspetor, os namorados que desapareceram na saída do baile de sábado. É isso que os colegas estão diligenciando, não é?

Soa a campainha do telefone. O inspetor levanta da cadeira e vai até o aparelho, no outro lado da sala. Enquanto ele atende, Koetz sai a caminhar, inspecionando as mesas com os olhos. Vai até a escrivaninha maior, junto a um grande arquivo de ferro e à frente de um gigantesco mapa da cidade. Uma placa metálica indica o nome do ocupante da mesa: Armando Gadret - Delegado. Em torno da placa, convivem razoavelmente ordenados alguns carimbos, tinteiros e pilhas de papéis organizados em pastas de papelão. No centro, Koetz enxerga um bloco aberto com alguns rabiscos a lápis:

Ford V8 mod. 1939

Briga Ciúmes?

Harrington & Richardson .38 5 balas

Segundo tiro?

  a) M. Luiza atira e se mata

  b) M. Luiza atira. Ferido, Heinz atira nela

  c) Heinz atira nela e tenta o suicídio

Simulação?

Cherchez la femme!!!

A última frase está marcada com um círculo. Um pouco abaixo, está escrito:

Heinz Schmeling - Hospital Alemão - quarto 96

Ao notar que o inspetor desligou o telefone, Koetz disfarça sua curiosidade, fixando os olhos para o mapa da cidade.

— De que estávamos falando? — diz o inspetor.

— A história dos dois namorados.

— Esse assunto ainda não é público. Só quem pode falar é o delegado Gadret.

— Então, o assunto está nas altas esferas, é? Cadê o delegado?

— No hospital.

— O ferimento do rapaz é grave? — arrisca Koetz.

— Ele foi encontrado com um tiro no peito.

— Quando?

— Ontem à noite. Um colega do Destacamento de Belém Velho o encontrou em um bar.

— E a garota?

— Ninguém sabe. Olha, estou falando demais. Conversa com o delegado.

*

À tarde, o delegado Gadret novamente cruza a portaria do Hospital Alemão desconsiderando as exigências burocráticas e alarmando as enfermeiras. Na porta do quarto, no entanto, encontra um rapaz de cabelo engomado que lhe obstaculiza a passagem.

— Delegado Gadret, eu suponho. Muito prazer. Waldyr Borges. Trabalho no escritório do doutor Heitor Pires e estamos dando assistência jurídica à família do rapaz.

Gadret responde o cumprimento e fica a imaginar por que uma família tão abastada recorreria a um advogado tão jovem e, por certo, inexperiente.

— Bem, estou aqui para retomar o interrogatório com o seu cliente e gostaria de fazer isso o mais breve possível.

- Sem dúvida. Logo que estiver em condições de saúde, Heinz estará à sua disposição...
- O senhor não entendeu. Tenho urgência extrema de falar com seu cliente.
- Hoje, não será possível. O estado de saúde de Heinz agravou-se durante a manhã após sua visita. Neste momento, está em observação médica, sem condições de prestar qualquer depoimento.
- Doutor... Como é mesmo sua graça?
- Waldyr Borges.
- Doutor Waldyr. Lidamos com uma moça desaparecida, sabe-se lá em que situação, por isso a urgência é imperiosa.
- Compreendo, mas neste momento Heinz está sedado, desacordado. Eu lhe sugiro que converse com o doutor Jorge Fayet, o médico que está dando assistência a Heinz, e ele lhe dirá quando meu cliente estará em condições de prestar depoimento.

Um tanto incomodado pelo que considerou uma petulância do jovem advogado, Gadret se dirige à sala dos médicos.
- O paciente sofreu uma hemorragia durante a manhã e necessitou de uma transfusão de sangue – informa o doutor Jorge Fayet. – Seu estado é regular, mas ele só deverá recobrar a consciência amanhã.
- Um dia perdido – lamenta o delegado ao inspetor Plínio Medina, que o acompanha. – Consegue a ficha deste tal doutor Waldyr Borges.

*

Paulo Koetz dirige-se à sala da revista *Vida Policial*, no subsolo da Repartição Central de Polícia. Ali, encontra os pesos pesados da cúpula policial. Distingue a presença do major Aurélio da Silva Py, e, diante dele, os delegados João Martins Rangel, de Investigações e Serviços Preventivos; Renato Souza, de Costumes; Affonso Canto, de Atentados à Propriedade; Pompílio Fernandes, dos Estrangeiros; Plínio Brasil Milano, do Departamento de Ordem Política e Social (Dops), mais os diretores dos institutos de Identificação, Humberto Wallau, e de Medicina Legal, Celestino Prunes. Só não se encontra ali justamente quem Paulo Koetz procura, o delegado Armando Gadret.

- Prezados colaboradores - começa a discursar o major Py. - Novembro de 1937 é o marco de uma obra grandiosa. Com o advento do Estado Novo, assistimos à concretização de velhos ideais, que pareciam de difícil realização. Não poderia a Polícia ficar de fora deste influxo salutar dos ventos renovadores. Por isso, aperfeiçoamos cada vez mais a nossa organização e em todos os seus métodos e processos.

Koetz vê a chegada discreta do delegado Armando Gadret e vai até ele.

- Alguma declaração sobre o caso da Sociedade Germânia? - pergunta em voz baixa.

- No momento, nada a declarar. Vamos ouvir o chefe.

Aurélio Py não é apenas o poderoso chefe de Polícia gaúcha, mas o homem que concebeu toda a nova estrutura da corporação adotada logo após a implantação do Estado Novo.

- Vivemos um momento especial. A partir da grande reforma, nossa Polícia deixou de ser um organismo adormecido pela indiferença e intoxicado pela ingerência política para se tornar um órgão rejuvenescido, respeitado pela coletividade e cônscio de suas responsabilidades. Em dois anos, os gastos com a corporação mais do que dobraram, de 6 mil contos de réis para 15 mil contos anuais, possibilitando a aquisição de aparelhagem ultramoderna, que nos permite investigar e elucidar qualquer tipo de crime.

Koetz percebe a presença de Ernesto Neumann, dublê de policial e jornalista, que divide seu tempo entre o cargo de inspetor e a função de redator da coluna Crônica Policial no *Diário de Notícias*.

- Como chefe de Polícia, procurei estimular a criação de uma revista que refletisse o momento que estamos atravessando. Nesses quase três anos, *Vida Policial* tem dado uma imprescindível ajuda na qualificação dos nossos profissionais, com seus artigos sobre as novidades na atividade policial, e tenho certeza de que assim continuará atuando. Do nosso novo editor, o inspetor Ernesto Neumann, tenho as melhores referências como um aficionado das novas técnicas científicas de investigação.

Neumann dirige a Koetz um sorriso triunfante, que ele rebate com uma saudação carregada de ironia.

- Tenho certeza - prossegue o major Py - de que o novo editor terá todas as condições de manter nossa revista no caminho que vem perseguindo desde sua criação: ser um reflexo nítido e fiel de todas as atividades policiais em harmonia com as vibrações do corpo social. Então, bom trabalho!

Sob as palmas dos presentes, o chefe de Polícia aperta a mão do inspetor Neumann e o convida para subir à sua sala, no segundo andar. No caminho, pede que o delegado Gadret o siga, mas, antes, ele tem que se livrar de Paulo Koetz.

- Como está o rapaz?
- Que rapaz?
- Heinz Schmeling.
- O que você sabe sobre isso?
- Sei que o rapaz está hospitalizado e a Polícia procura a garota.
- Estamos tratando o assunto com reservas para não atrapalhar as investigações - incomoda-se o delegado.
- Pelo menos, o senhor pode me dizer se encontraram a moça?
- É questão de horas. Olha, Koetz, não há mais nada para o momento.
- A Polícia trabalha com a hipótese de um crime.
- Só posso dizer que em breve teremos novidades, agora tenho que palestrar com o chefe.

*

No gabinete da Chefia de Polícia, o delegado de Costumes, Renato Souza, faz um discurso, tendo nas mãos a edição mais recente da *Vida Policial*.

— Já que nossa revista está mudando de editor, a hora é propícia para superar alguns vícios que ela adquiriu com o passar do tempo. Peço ao inspetor Neumann que veja esses reclames.

Ele começa a folhear a revista.

— Drink do Benjamin. Na página seguinte, Drink Margot. Logo adiante, Drink Liliane. A propaganda diz: "Garotas, sorrisos, alegria". Ninguém tem dúvida do que se trata.

O chefe de Polícia olha para o inspetor Neumann, que lhe devolve uma expressão constrangida.

— Convenhamos que não colabora para a boa imagem não só da revista, mas da própria instituição – prossegue o delegado de Costumes –, mas não é só isso. Vou lhes relatar o que vem acontecendo. Nossos agentes vão até um desses lugares, para alguma averiguação de abuso, exploração de menores, tráfico de entorpecentes. Aí, o proprietário, com a maior desfaçatez, evoca a condição de anunciante na *Vida Policial*, como se tivessem comprado um salvo-conduto. Convenhamos que isso é intolerável.

— Com todo o respeito, delegado, não há nenhum acordo com esses estabelecimentos... – começa a falar o inspetor Neumann, mas é intrerrompido.

— Mas esses elementos mostram os anúncios como se fossem habeas corpus. Acham que, anunciando na revista, estão comprando a Polícia.

— Veja que necessitamos de anúncios para custear a revista.

— Mas não de casas pra lá de suspeitas. Casas de tolerância, pra falar o bom português.

O major Aurélio Py intervém para encerrar o assunto.

— Inspetor Neumann. Precisamos zelar pela nossa publicação. Temos empresas sérias e tradicionais anunciando na revista, portanto, é perfeitamente dispensável continuar publicando reclames desse tipo de estabelecimento. É uma promiscuidade que compromete a boa imagem da instituição. Se, eventualmente, faltar algum recurso, me fale que daremos um jeito.

– Perfeitamente, chefe.

– Bem, senhores, agora me deem licença que preciso conversar com o delegado Gadret.

Os dois deixam a sala. O chefe de Polícia pede que o delegado se sente na cadeira diante dele.

– Deves saber por que o chamei, Gadret.

– Imagino.

Gadret faz um relato do que foi possível apurar sobre o caso dos namorados da Sociedade Germânia e enumera as providências que a Polícia vem adotando.

– Queremos resolvê-lo da maneira mais rápida e eficiente, mas as investigações só avançarão efetivamente quando o rapaz for novamente interrogado, o que só deve ocorrer amanhã.

Aurélio Py comenta que o assunto já alcançou as altas rodas do Governo e começa a provocar inquietação.

– Qual é a chance da moça estar viva?

– Não acredito – responde Gadret. – Se estivesse viva, já teria aparecido.

O chefe de Polícia franze o cenho.

– A cada dia que passa, o drama vai crescer de intensidade.

– Não passa de amanhã, major, mas seria bom que não saísse nada nos jornais de amanhã.

– Vamos providenciar.

*

Na redação do *Correio do Povo*, Paulo Koetz castiga febrilmente as teclas da Burroughs, com um ânimo que há muito não tinha. "Uma jovem da alta sociedade, raptada por seu namorado durante o baile de sábado, na Sociedade Germânia, até agora não foi encontrada" é a frase que inicia o texto. Ao fim de uma hora, ele tem pronta uma longa descrição do que conseguiu apurar sobre o caso.

Koetz não conseguiu entrevistar ninguém da família, recebeu algumas informações adicionais de sua fonte na Polícia, o inspetor Hilton Cabral, que lhe permitiram reconstituir a detenção de Heinz Schmeling e as diligências do dia. Além disso, fez suas próprias investigações. Esteve na Sociedade Germânia e soube que Heinz deixou o chapéu e as luvas na chapelaria. Fez uma pesquisa nos anuários econômicos para saber mais sobre o poderio das famílias envolvidas e obteve um boletim médico sobre a saúde do rapaz ferido.

Assim, pôde elaborar uma reportagem que resume o que ocorreu à saída do baile, conta quem são os personagens envolvidos e revela detalhes, como os trajes dos jovens, a marca do automóvel, o tipo de arma, a captura de Heinz Schmeling. Levanta, ainda, a suposição de um pacto de morte entre os dois namorados.

Corrige a caneta os erros de datilografia e dirige-se à mesa do editor João Bergamaschi com um punhado de laudas dobradas e um entusiasmo juvenil.

– Para o jornal de amanhã.

Bergamaschi devolve as laudas.

– Guarde. Não vamos publicar.

– Como não?! Está tudo aí.

– Ordens de cima.

Koetz solta uma gargalhada nervosa. O editor pondera:

– O assunto é muito nebuloso, envolve gente importante. Não é política do jornal expor sobrenomes tão...

– É notícia!

O editor reposiciona-se na cadeira e ergue o tom de voz:

– Notícia é o que sai no jornal, portanto, ainda não é notícia.

Koetz tenta dizer alguma coisa, mas as palavras não saem. O editor procura livrar-se da situação:

– Quem sabe amanhã...

- Amanhã, o *Diário* publica e nós levamos mais um furo do tamanho de um bonde! Aquele Ernesto Neumann já deve estar com a história pronta.

- O *Diário* não vai dar nada. Existe uma combinação entre os chefões.

- Com base em quê?

João Bergamaschi retira um papel de sua gaveta e lê em voz alta:

- "O *Correio do Povo* e o *Diário de Notícias* mantêm e revigoram o compromisso tomado com a Sociedade Rio-grandense de Educação quanto à não publicação de suicídios", lembra.

Paulo Koetz conhece o acordo. Ele foi assinado três anos antes, devido ao número exagerado de jovens que se atiravam dos altos do viaduto Octavio Rocha, geralmente por infortúnios sentimentais. Os diretores dos jornais entenderam que as notícias desses casos estariam estimulando novos suicidas.

- Só que não houve suicídio - ele reage. - O rapaz matou a moça e tentou se matar, mas não consumou o ato. Tá tudo aí na minha matéria. Pra mim, houve pressão da Polícia.

- Escuta aqui, Koetz. Queres liberdade de imprensa em pleno Estado Novo? Vieste de que planeta?

- E por acaso esse assunto coloca em risco a segurança do Estado Novo?

- E outra coisa: recebi uma reclamação formal da Polícia pela tua conduta hoje de tarde, fazendo joguinhos pra conseguir informações.

- Sou repórter. Minha única obrigação é conseguir informações, seja como for.

- Este jornal tem uma forma de se conduzir. E outra coisa: tua situação no jornal não anda nada boa por aqueles probleminhas que a gente conhece. Aliás, toda a redação conhece. Se ainda ganhas teu dinheirinho aqui, agradece a mim. E, por favor, me deixa trabalhar!

TERÇA-FEIRA, 20 DE AGOSTO

De volta ao Hospital Alemão, o delegado Gadret reencontra o advogado Waldyr Borges na porta do quarto de Heinz.
- Espero que agora seu cliente diga a verdade.
- Queremos colaborar, mas espero que o senhor considere o estado de saúde de Heinz.
- Acho que estamos perdendo tempo.
- Vamos entrar, por favor.
Heinz Schmeling está deitado na cama de ferro, com a cabeça erguida por um reforço de travesseiros. Sua mãe Frida e o pastor Karl Gottschalk, administrador do Hospital Alemão, estão sentados na cama ao lado. O delegado Armando Gadret posta-se no meio das duas camas, enquanto o advogado Waldyr Borges permanece de pé, recostado em uma mesa, onde um estenógrafo da polícia aguarda o início do depoimento.
- Quero dizer a verdade - afirma Heinz, com uma voz embargada.
- Pois então diga - insiste o delegado.
Heinz conta que Maria Luiza era sua namorada há três anos, mesmo com a oposição da família dela. Os dois haviam simulado um rompimento, para aliviar a pressão sobre a garota. A princípio, ele não iria ao baile da Sociedade Germânia, mas decidiu tirar a limpo se ela estava saindo com outro rapaz. No baile, fizeram as pazes e, por volta das três horas da manhã, saíram para conversar melhor.

- Seu Heinz, isso tudo eu já sei, Vamos continuar de onde estávamos? Vocês foram até o Mont'Serrat e lá violentaste a moça.

- Não, não! - retruca Heinz. - Saímos para a lagoa. Pedi para conversarmos no banco de trás. Eu tirei o casaco... Tudo se passou muito rápido.

- Depois de violentá-la, atiraste contra ela.

Frida sente um tremor e baixa a cabeça. O advogado pensa em dizer algo, mas é Heinz quem responde.

- Não atirei! Quando sentamos, vi o revólver na mão de Lisinka. Ela deve ter pego no porta-luvas. Então, sem mais nem menos, ela disparou! Senti um impacto no peito. Logo depois, ouvi outro tiro. Ela caiu no banco e eu desmaiei. Quando recobrei os sentidos, constatei que ela estava morta.

- Diz a verdade, rapaz!

- Fiquei desesperado, perdi a noção de tudo e me veio a ideia de ocultar o corpo - continua Heinz, às lágrimas. - Eu... não sabia o que estava fazendo... Havia algumas cordas no porta-malas. Decidi amarrar o corpo em algumas pedras e colocar na lagoa. Depois fiquei caminhando, desnorteado. Me arrependi e voltei à lagoa. Tentei tirar o corpo das águas, mas não consegui... O ferimento doía. Decidi voltar a Porto Alegre.

- Onde é essa lagoa?

- Um pouco antes de Tramandaí.

- A Lagoa dos Barros - esclarece o advogado.

- A que altura?

Heinz vira-se para o advogado, que lhe devolve um olhar de apoio.

- Uns dez minutos depois de um bar que existe logo no início da lagoa. Ali, tem uma grande clareira, com uma pequena descida. Quero morrer! Quero morrer!

- Então conta tudo, meu filho - diz Frida. - Se tens certeza de que vais morrer, conta tudo! Vai te fazer bem.

- O que mais eu posso contar se tudo se passou como eu disse? Eu sou inocente. Não quero falar mais nada. Me deixem descansar!

De volta ao Hospital Alemão...

O pastor Karl Gottschalk pede ao delegado que suspenda o interrogatório por algumas horas. Contrariado, Gadret deixa o quarto. À saída, ordena que o inspetor Plínio Medina organize uma expedição policial até o local indicado.

— Doutor Waldyr — ele diz ao advogado. — Quero deixar registrado que esta é a terceira versão diferente que seu cliente apresenta em menos de 48 horas.

— O senhor vai me desculpar, delegado Gadret, mas esta é a única declaração oficial a ser considerada. Se houve outras, elas devem ser desconsideradas, porque foram tomadas de forma indevida, com todos os condicionamentos intimidatórios...

— Intimidatórios?

— O senhor bem sabe o que significa para um jovem traumatizado ser interpelado por policiais, em momentos nos quais se sente fragilizado, ferido ou convalescendo de uma cirurgia delicada, inclusive com risco de perder a vida. Não se pode, a bem do bom senso, levar em conta qualquer declaração nessas circunstâncias.

— Existe uma moça morta!

— Doutor Gadret. Eu e o senhor somos não oponentes, mas dois profissionais, cada um em sua função, com responsabilidade perante a sociedade, ambos interessados em que se estabeleça a justiça. Por ora, vamos encontrar o corpo de Maria Luiza e, a partir daí, perseguir a verdade. Por enquanto, eu gostaria de ser informado previamente de qualquer contato que venha a ser feito com meu cliente.

*

Como se esperava, o crime da Sociedade Germânia está fora dos jornais de terça-feira. Para Koetz, só resta retornar à trivialidade da crônica policial. A tragédia sangrenta do dia tem como palco uma pensão de mulheres do bairro Azenha e envolve uma cafetina, uma mariposa e um guarda civil. Angelita Gomes, a dona do estabelecimento, uma mulher estrábica com uma enorme papada sob o queixo, jaz no corredor da pensão, com um tiro na barriga. Eva dos Santos, sua inquilina, é uma morena rebolativa coberta por um lençol, que não sabe bem como se comportar diante da fama insólita e inesperada. O guarda Bruno Presser está algemado pelos colegas.

Bruno frequentava o quarto de Eva pelo menos três vezes por semana, mas, constantemente, os encontros amorosos terminavam em brigas por ciúmes ou dinheiro. Da última vez, Eva queixou-se à dona da pensão de que ele a ameaçou com um revólver. Os escândalos afetavam o cotidiano do local e espantavam a freguesia, obrigando Angelita a adotar uma medida drástica: proibiu a presença do policial no local.

Quando recebeu o recado, o guarda foi à pensão tirar satisfações. Como Angelita se mostrasse irredutível, Bruno apontou-lhe o revólver. A cafetina fez pouco caso e ameaçou chamar a Polícia. Foi o que bastou para Bruno lhe desferir um tiro à queima-roupa. Eva, que estava em seu quarto com outro cliente, foi atraída pelo estampido. Ao se deparar com a cena, saiu correndo porta afora, aparentemente sem se dar conta que estava nua. Bruno apontou o revólver para o rival, que se trancou no quarto. O guarda, então, resolveu perseguir Eva. Na rua, notou a chegada de alguns policiais e refugiou-se em um bonde. Os policiais saíram no encalço do agressor e conseguiram apanhá-lo na Rua José de Alencar.

Paulo Koetz chega à pensão no instante em que o corpanzil de Angelita é colocado com alguma dificuldade em uma maca. Ouvido por inspetores da Delegacia da Azenha, Bruno não cessa de repetir que mataria Angelita e todos que encontrasse pela frente.

Olha para Eva e diz com desprezo:

– Ainda te mato, putinha!

Em resposta, ela rebola os quadris e lhe mostra a língua.

*

O delegado Armando Gadret consulta o relógio. São oito horas da noite. Ele já tem relatórios das investigações realizadas durante o dia. Uma equipe esteve no Mont'Serrat e fez uma varredura nos matos próximos ao Instituto Porto Alegre, sem descobrir qualquer vestígio relacionado ao crime. Dois agentes foram à casa de Heinz e vasculharam seu quarto. Só encontraram algumas fotografias em que Maria Luiza aparece. O padrasto afirmou que a arma do crime estava sempre no porta-luvas do automóvel, mas não tem certeza de que o rapaz soubesse de sua existência, pois foi a primeira vez que ele dirigiu o V8. Disse que Heinz não se abria muito, mas era visível que vinha sofrendo muito com o afastamento de Maria Luiza.

A Polícia descobriu que, naquela madrugada, Heinz abasteceu o Ford V8 no Passo da Mangueira, por duas vezes, segundo os registros do posto de gasolina. O plantonista da noite que o atendeu está sendo procurado. Gadret também ficou sabendo que, no início do ano, Heinz Schmeling se envolveu em um acidente de trânsito que resultou na morte de um rapaz, mas foi inocentado pelas testemunhas e pelos guardas encarregados do caso.

— Aqui está a ficha do advogado que o senhor pediu — diz o inspetor Medina, mostrando meia folha de papel cartão amarelo com vários tópicos datilografados.

Gadret começa a ler. "Departamento de Ordem Política e Social (Dops). Nome: Waldyr Ramos Borges. Natural: São Francisco de Assis (RGS). Nascimento: 13 de julho de 1915". Vinte e cinco anos, calcula o delegado. "Instrução: Formado em Direito (URGS), 1939". Um ano de profissão. "Ocorrências: 1) No dia 20 de dezembro de 1939, por ocasião da formatura do curso de Direito, o elemento foi o orador da turma e criticou o Governo do Estado Novo, conforme denúncia de um dos presentes. Uma equipe do Dops dirigiu-se ao local e recolheu o elemento às dependências da RCP a fim de esclarecer o teor de seu pronunciamento. Ele disse que apenas defendeu a necessidade de retorno da democracia ao país, acrescentando que esta também é a vontade do presidente Getúlio Vargas, tão logo se complete este momento de transição".

— O topete! — diz o delegado em voz alta.

"2) Investigações posteriores revelam que o elemento participou de um Congresso Nacional de Estudantes no Rio de Janeiro, em 1938, onde apresentou um trabalho defendendo a implantação de casas de estudantes. Neste congresso, foi criada uma tal União Nacional dos Estudantes (UNE), sendo que o elemento Waldyr Borges foi eleito para presidir a entidade. Não consta que ele tenha ligações com o clandestino Partido Comunista Brasileiro (PCB), mas fazem parte da diretoria dois notórios comunistas fichados: Armando Calil, do Centro Acadêmico de Direito do Paraná, e Antônio Franca, do Diretório Acadêmico da Faculdade Nacional de Direito".

— O sujeitinho é um comunista e agitador.

A campainha do telefone faz com que Gadret abandone o prontuário de Waldyr Borges. Pega o aparelho e escuta más notícias.

— Existem pelo menos três locais que correspondem à descrição do rapaz — comenta por telefone o inspetor Feliciano dos Santos. — Procuramos em Aldeia dos Anjos, Glorinha e Miraguaí. A margem da lagoa tem uma extensão de 25 quilômetros, delegado. É como procurar agulha em palheiro. De positivo, só o depoimento de uma mulher, Cândida Nunes de Borba. Afirma que ouviu um disparo por volta das cinco horas daquela madrugada. Devemos retornar?

— Não. Fiquem por aí.

Gadret decide retornar ao Hospital Alemão. Antes, por precaução, telefona para o advogado Waldyr Borges.

— Precisamos de uma descrição melhor do local onde foi sepultado o corpo. Vou ter que novamente conversar com seu cliente.

— Não há problema, delegado. Nosso interesse é colaborar.

O delegado encontra Heinz sentado na cama e desenhando, com a mão um tanto trêmula. Passados alguns instantes, ele lhe alcança o croqui mostrando o lado da Lagoa que margeia a rodovia Porto Alegre-Tramandaí, com um "X" no ponto em que um trecho da estrada antiga escapa do traçado atual, criando um recuo improvisado em forma da letra "D".

Gadret dirige-se à porta, quando ouve a voz frágil de Heinz, que tentava erguer-se da cama:

— Delegado, eu... gostaria de ir junto.

— Fica calmo, meu filho — Frida conforma o filho.

— Quero ver Lisinka. Pela última vez.

*

No início da noite, Koetz redige a matéria da pensão da Azenha, enfatizando seus aspectos mais bizarros, e entrega ao editor. Veste o sobretudo e ruma para a porta de saída, disposto a encher a cara em desagravo pelas últimas desventuras profissionais.

— Koetz! Telefone! — alguém grita.

Ele vai até o aparelho e escuta a voz de sua "fonte", o inspetor Hilton Cabral:

- Às duas, sai uma "canoa" graúda em direção ao litoral. Sei que o Ernesto Neumann vai junto - o policial diz em voz baixa e logo desliga.

Paulo Koetz vai até a mesa do diretor.

- Preciso de um automóvel e um fotógrafo.
- Para amanhã?
- Para esta madrugada.

MADRUGADA DE QUARTA-FEIRA, 21 DE AGOSTO

Por volta das 2 da manhã, um comboio de automóveis prepara-se para deixar Porto Alegre através da estrada do Passo d'Areia. Quatro deles são ocupados por investigadores, policiais da Guarda Civil fardados e soldados da Brigada Militar recrutados pelo delegado Gadret, mais uma camioneta do serviço funerário. O delegado vislumbra a presença de uma equipe do *Correio do Povo* entre os automóveis estacionados diante da Repartição.

– Quem chamou a imprensa? – ele pergunta ao inspetor-jornalista Ernesto Neumann.

– O major Py pediu que eu acompanhasse a diligência pela *Vida Policial*. Não sei como o pessoal do *Correio* descobriu.

De longe, Paulo Koetz faz um aceno. Gadret sacode a cabeça e ingressa no Mercury 1936, que vai liderar a comitiva.

– Com essa cerração, não vai ser nada fácil, chefe – diz o inspetor Plínio Medina no trajeto. – Vamos torcer para que o mapa seja bem preciso. O senhor acredita no rapaz?

– Nem um pouco, mas espero que pelo menos nisso ele esteja dizendo a verdade.

Em uma hora, a caravana alcança o Bar Colonial, local de encontro combinado com a equipe encarregada das diligências da tarde. O bar fica a poucos metros da Lagoa dos Barros, mas ninguém consegue enxergá-la devido à escuridão e à neblina. Os policiais e jornalistas deixam os automóveis e espicham as pernas.

O delegado Gadret troca impressões com seus agentes, quando aparece outro automóvel. Dele, sai um homem de meia-idade, alto e louro, acompanhado por um rapaz com aspecto de nativo.

- É o tio da moça. Passou a tarde com a gente dando palpites - confidencia o inspetor Cabral.

Em geral, essas "colaborações espontâneas" incomodam o delegado porque revestem a ação policial de um certo amadorismo. Com alguma irritação, ele recebe o cumprimento do sujeito:

- Delegado Gadret, eu suponho - diz o homem estendendo a mão. - Prazer, meu nome é Cristiano Nygaard. Sou tio de Maria Luiza.

Paulo Koetz e Ernesto Neumann se aproximam.

- Gostaria que o senhor ouvisse o que esse pescador tem a dizer.

O pescador Nilo Dias revela que, na madrugada de sábado para domingo, sua esposa ouviu o barulho de uma derrapagem a poucos metros de seu chalé. Através da janela, viu um automóvel claro se afastando e comentou com ele. Pela manhã, Nilo encontrou marcas fundas de pneus sobre o barro, indicando que o automóvel fez uma curva brusca para retornar no sentido da Capital.

*

Ernesto Neumann cumprimenta Paulo Koetz.

- Que alegria ver o colega nesta empreitada.

- Estás aqui como repórter ou policial? - alfineta Koetz.

- Meu caro. Ambas são funções de utilidade pública, de forma que é difícil separar uma da outra.

- Não acho. São duas coisas diferentes.

- Quanto ressentimento. Não me diga que os furos estão te incomodando.

– Até que nem são tantos, levando em conta a deslealdade da concorrência.

– Um dia, vamos conversar sobre isso numa mesa de bar – diz Neumann, se afastando em direção ao delegado Gadret. No caminho, se vira e ainda diz:

– A não ser que tenhas parado de beber.

"Filho da puta", murmura Koetz.

Enquanto o delegado conversa com o pescador, os jornalistas cercam Nygaard e começam a disputar sua atenção com perguntas desencontradas.

– Nunca simpatizei com o rapaz – ele responde agitado, sem se ater às indagações dos repórteres –, mas jamais me passou pela cabeça que fosse capaz de cometer uma insanidade dessas. Sem dúvida, ele premeditou. Quando se dirigiu ao baile, já tinha intenção de cometer o crime.

– É verdade que a família era contra o namoro? – pergunta Koetz.

Antes que Nygaard responda, a atenção dos três é atraída por uma agitação no pátio do Bar Colonial. À ordem do delegado Gadret, os policiais ingressam apressadamente nos automóveis. Cristiano Nygaard e os jornalistas fazem o mesmo. O comboio segue na direção de Tramandaí. A certa altura, surge à direita o traçado antigo da estrada junto aos arbustos que margeiam a lagoa, conforme havia indicado Heinz Schmeling.

*

Passam-se cerca de 10 minutos, até que os automóveis alcançam o local onde estão as marcas de pneus em forma de curva acentuada.

– É aqui – aponta o pescador.

O delegado Gadret desce e examina as marcas.

– Então, neste ponto ele fez o retorno – constata o delegado. – Portanto, isso reduz nossa busca para uma área de mais ou menos cinco quilômetros.

*

Frida Wiedmann tenta dormir na cama auxiliar, mas, a todo momento, é despertada pelos delírios noturnos de Heinz, de forma que a noite se torna longa e acidentada. Ela olha para o filho. O rapagão ativo, exuberante, seguro de si, que se salienta em qualquer ambiente, é agora um corpo frágil, doente e infeliz. Sua vivacidade murchou por uma desgraça absurda pela qual, culpado ou não, irá pagar por toda a eternidade.

Quando Heinz parece aquietar-se, Frida vira-se para o outro lado e tenta entender como as coisas chegaram a este ponto e qual a fração de responsabilidade que lhe cabe. Ela não consegue esquecer o momento em que ofereceu o automóvel a Heinz, contrariando uma proibição explícita e reiterada por parte do marido. Após o crime, Hans tenta poupá-la, porém ela enxerga em sua expressão uma verdade inconteste. Sem o Ford V8, nada disso teria ocorrido.

Até o nascimento dos filhos, Frida agiu conforme as conveniências, mas percebeu que o tempo estava passando e ela havia se tornado uma prisioneira das regras de conduta reinantes em seu ambiente social, contrariando tudo o que acreditava.

Eithel Fritz notou a mudança de postura da esposa nas roupas mais ousadas, no modo saliente de se portar nos eventos sociais, e fez de tudo para mantê-la domesticada. Mais do que amá-la, Eithel a endeusava. No entanto, sabia que cada vez mais ela se afastava do seu ideal de comportamento feminino. As discussões tornaram-se diárias e de teor cada vez mais hostil. Nos momentos mais críticos, Eithel já a segurava pelos braços, deixando-lhe marcas roxas na pele. Daí ao espancamento seria um caminho curto, que Frida não estava disposta a trilhar.

Nesse momento, outro homem já havia aparecido em sua vida. O recém-chegado a Porto Alegre Hans Freiherr atraiu seu interesse porque era o único que não a assediava ostensivamente com expressões derretidas, olhares libidinosos ou frases de duplo sentido. Sua expressão era de

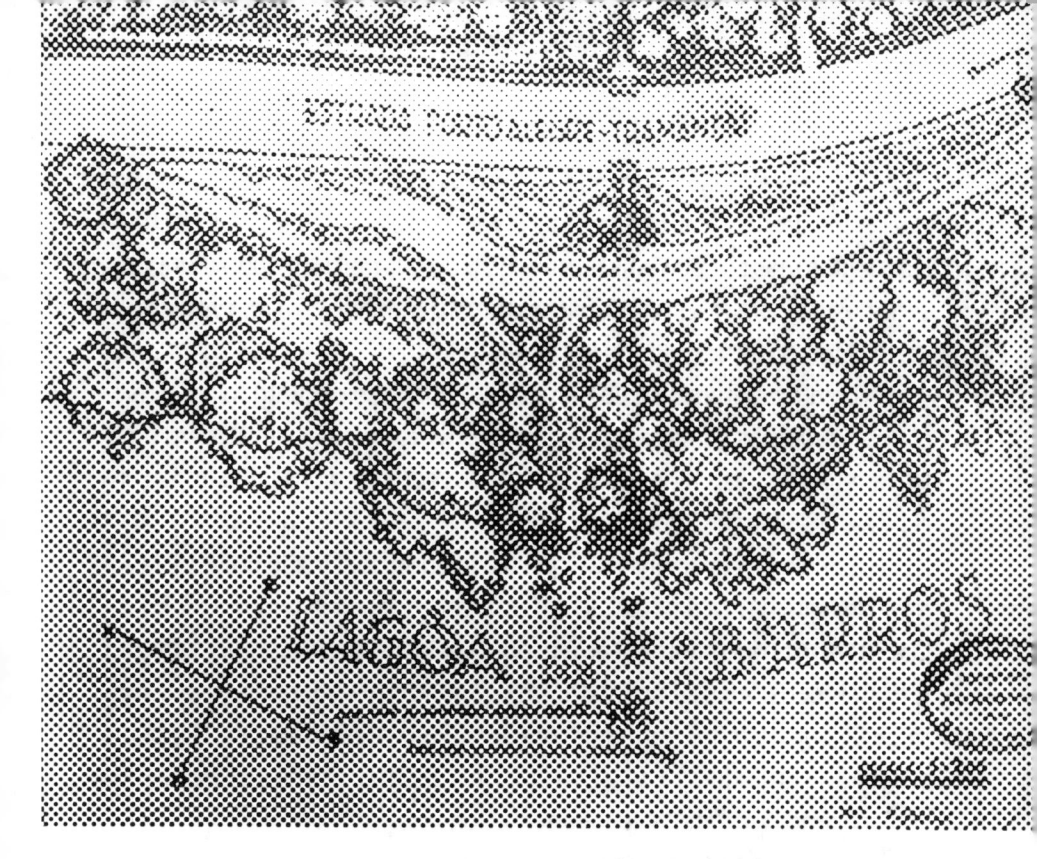

- Então, neste ponto ele fez o retorno - constata o delegado.

simpatia formal; o olhar, de interesse respeitoso; e a conversa, de pessoa adulta para pessoa adulta.

Durante uma das tantas discussões, Frida deixou Eithel falando sozinho. Fez uma mala com as coisas mais essenciais e simplesmente apareceu na casa de Hans, pedindo abrigo por alguns dias. Na mesma noite, fizeram amor com tanta volúpia e insanidade que daria razão a todos os maliciosos comentários a respeito dela, mesmo os mais disparatados.

Com Hans Freiherr, a futilidade da vida social deixou de ser importante para Frida. Sua presença em eventos sociais era cada vez mais rara, o que - ela imagina - estaria produzindo um vácuo tanto nas fantasias dos homens quanto na pauta das conversas entre as esposas.

A imprevista mudança de Heinz para a chácara da Rua Jacuí gerou uma tensão inicial com Hans. Mas, para ela, serviu como atenuante da culpa pelo abandono dos filhos ainda adolescentes. Mais do que isso, Heinz se tornou uma companhia divertida, especialmente durante as frequentes viagens de Hans a trabalho pelo interior. Revelou-se um filho carinhoso, disposto a sugerir passeios e programas que a distraíssem, às vezes levando a meiga Maria Luiza a tiracolo.

Com o afastamento da namorada, todo esse encanto foi interrompido. Nas últimas semanas, Heinz não conversava, não sorria, nem mostrava ânimo para qualquer atividade. Por vezes, demonstrava impaciência e agressividade. Como o pai.

Frida tem consciência de que ela é a principal razão do veto da família de Maria Luiza em relação a Heinz, contudo, considera um efeito colateral fruto da incompreensão à espontaneidade de seu comportamento. Entretanto, os fatos se precipitaram de uma forma imprevisível e incontrolável. Seja lá o que tenha acontecido, a moça está morta e Heinz é o suspeito. Entre a doçura de Maria Luiza e a impetuosidade de Heinz, Frida está inclinada a aceitar a culpa do filho, embora lute contra isso.

Acima de tudo, o que martiriza Frida é o seu próprio gesto de emprestar o automóvel, que ela tenta manter longe de seus pensamentos, mas não consegue.

- Lisinka - ela escuta.

Vira-se e enxerga o filho sentado na cama com os olhos arregalados.

- Preciso ver Lisinka!

Ele põe uma perna no chão. A mãe tenta mantê-lo na cama, porém, mesmo convalescendo, Heinz é forte. O jogo de empurra dura alguns instantes. Ao sentir que sairá perdendo, Frida vai até a porta e chama o policial de guarda no corredor. Ele segura Heinz com energia e o recoloca na cama.

- Chame a enfermeira!

Frida dispara pelo corredor gritando pela enfermeira de plantão, enquanto o policial mantém Heinz na cama segurando-lhe os ombros. A enfermeira aplica uma injeção no braço do rapaz, que lentamente vai diminuindo os movimentos.

– Lisinka – ele ainda diz, antes de perder os sentidos.

*

Entre policiais, jornalistas e moradores do local, o delegado Gadret tem diante dele cerca de 30 pessoas. Ele as divide em grupos de quatro, mostra o mapa desenhado por Heinz Schmeling e pede que todos estejam de volta às seis da manhã. A contragosto, aceita que os jornalistas acompanhem as equipes. Os grupos se dispersam de forma um tanto anárquica. Paulo Koetz e o fotógrafo Santos Vidarte acompanham os passos vigorosos do inspetor Hilton Cabral pelo leito da estrada velha, fazendo algumas incursões na vegetação, em pontos onde existem clareiras.

O outro integrante da equipe é o pescador Bernardo, que serve como uma espécie de guia.

– Dá boa pescaria aqui, seu Bernardo? – pergunta o fotógrafo Vidarte.

– Muito peixe, sim, senhor, mas só aqui na margem.

– Nunca entrou de barco?

– Deus que me perdoe. Ninguém se arrisca. Essa lagoa é amaldiçoada – ele diz, como se estivesse revelando um segredo.

– Por quê?

– Tem um redemoinho lá no meio. Um mundo de barcos já caiu lá dentro. Muito pescador foi puxado e nunca mais voltou.

– Verdade? Conheces algum?

– Não. Isso acontecia há muito tempo. Faz mais de trinta anos que ninguém bota o barco na lagoa.

A atenção do grupo é atraída até uma moita sobre a qual voam em círculos algumas aves graúdas.

– Urubus – diz o pescador Bernardo. – Devem estar farejando alguma coisa.

Os quatro penetram no matagal, de onde parte um cheiro forte e nauseante. O agente Hilton dispara dois tiros para afugentar as aves e abate uma delas. Vidarte documenta a expedição acionando os flashes, que intrigam o pescador Bernardo. A certa altura, ele toma coragem e pergunta:
– Pra que serve esse equipamento?
– Não conhece?
– Nunca vi.
– Serve para localizar cadáveres – responde o fotógrafo.

Paulo Koetz cobre o rosto para esconder uma gargalhada, que disfarça como se fosse um acesso de tosse. O pescador olha para a máquina, assustado. Os quatro perambulam entre os arbustos, protegendo os rostos com os braços. Ao final do caminho, junto às águas da lagoa, a lanterna do inspetor Cabral ilumina o corpo decomposto de um ratão do banhado.

Outros agentes aproximam-se do grupo, atraídos pelos disparos. Dadas as devidas explicações, voltam a se dispersar. Paulo Koetz vai até a beira da lagoa, retira do bolso uma garrafinha metálica de uísque forrada em couro e bebe um longo gole. Colada às águas, uma bruma espessa de aproximadamente um metro de altura torna a lagoa bela e misteriosa. A ideia de que uma jovem está submersa em suas profundezas lhe provoca um súbito arrepio.

*

Durante toda a madrugada, os policiais munidos de lanternas vasculham os arbustos procurando qualquer pista que possa levar ao cadáver de Maria Luiza, enquanto uma canoa percorre a Lagoa dos Barros com um poderoso holofote direcionado para a margem. Com o passar das horas, o delegado Armando Gadret vai sendo invadido por uma sensação desagradável, como nunca experimentou na vida. A decepção logo toma a forma de impotência até se transformar em um pressentimento patético. Sente-se logrado. Pior: logrado diante de seus subordinados, como um tolo principiante.

O delegado acende um cigarro, sem dizer uma palavra aos agentes que o acompanham e olham para ele querendo ouvir alguma coisa.

- Acho que o sujeito nos passou a perna, chefe.
- Tudo tem que ter uma lógica. O que ele ganharia com isso? - Gadret responde.
- Tempo. Se não acharmos o corpo, ele não pode ser acusado.
- Poder, pode, mas as coisas serão mais complicadas.

A observação do inspetor é procedente. Como Heinz não confessou a autoria do crime, sem o cadáver será muito difícil comprovar a sua culpa. Desanimado, ele vê seus agentes retornando a passos lentos e com frustração estampada nos rostos cansados.

*

O cinzento da noite vai tornando-se mais claro, o suficiente para que riscos dissonantes dos arbustos façam sombra no leito da estrada velha, dando a impressão de dobrarem de tamanho. Em compensação, a luzinha da lanterna do inspetor Hilton Cabral definha a olhos vistos até se apagar completamente. Ele drenagueja. O fotógrafo Vidarte arremanga o casaco e olha o relógio.

- Passa das seis, inspetor. Acho melhor voltarmos.

Bernardo não para de olhar para a máquina.

- Então, o equipamento está falhando? Não achamos o corpo.
- Vai funcionar, não te preocupa.

À frente deles, Koetz pergunta ao inspetor Cabral:

- Qual é a tua opinião?
- O delegado acredita na culpa do rapaz, mas eu acho que não. Para mim, ele tentou alguma coisa com ela ou até conseguiu. Para salvar a honra, a moça atirou nele e depois se matou. É o mais lógico.
- Pois eu acho que existia um pacto de morte entre eles.

– Pode ser, mas aí teria que haver um motivo. Precisaríamos fazer mais investigações, interrogar as famílias, os conhecidos.

Os dois voltam a ficar em silêncio. Paulo Koetz reduz os passos, deixando que os outros o ultrapassem. Assim, pode beber mais um gole de uísque em paz. Tenta imaginar os rumos do caso se o cadáver de Maria Luiza não for localizado, mas o cansaço impede que qualquer pensamento adquira consistência. Acaba distraindo-se com os pontos luminosos impressos na areia da estrada velha pelo reflexo do frágil sol matinal sobre as pedrinhas transparentes. Apertando os olhos, cria para si mesmo uma estranha ilusão de ótica na qual a visão se desfoca, fica escura e os pingos brilham com mais intensidade, proporcionando a sensação de estar enxergando estrelas no chão. Em seu delírio, procura um conjunto que seja parecido com o Cruzeiro do Sul.

Eis que, então, surge uma luz maior e mais brilhante do que as demais, como se uma lua inesperada surgisse em seu firmamento improvisado. Koetz agacha-se e recolhe o que parece ser uma pérola caída no leito da estrada velha. O furo longitudinal indica que a pérola, antes de cair no chão, fez parte de algum colar. Um colar que talvez estivesse no pescoço de alguma desafortunada jovem.

Talvez... no pescoço de Maria Luiza Häussler.

*

A confirmação, por parte de Cristiano Nygaard, de que a sobrinha usava um colar de pérolas na noite do baile provoca excitação entre os policiais. O delegado Armando Gadret direciona toda a investigação para o local onde Koetz encontrou a pedra, no lugar chamado Laranjeira. É o trecho em que a estrada velha se situa no ponto mais baixo em relação ao leito da estrada nova, com uma diferença de nível que atinge quase dois metros. Naquele ponto, a vegetação entre a estrada velha e a lagoa torna-se rala, abrindo um bom espaço para uma pequena prainha, que logo é pisoteada pelas botas dos agentes.

Ancorada a uns 20 metros da margem, a canoa aponta o holofote para eles. Outras três pérolas iguais são encontradas na prainha. Não há mais dúvidas: naquele ponto deve estar submerso o cadáver de Maria Luiza.

– Precisamos de voluntários – grita o delegado.

Os pescadores Abílio de Souza e Fioravante Barbe ficam apenas de calções e camisetas para ouvir as instruções.

– Vamos imaginar o rapaz carregando o corpo dentro do lago. Até onde ele conseguiria chegar? – diz o delegado, movimentando-se como se estivesse em um palco, dirigindo uma peça teatral. – Em primeiro lugar, temos que saber a profundidade das águas.

Os dois voluntários entram na lagoa gelada e, poucos passos adiante, as águas já lhes alcançam a cintura.

– Aí! Além deste ponto, ele não conseguiria. Vamos concentrar nossa busca em um espaço de dez metros no máximo – determina o delegado.

Os dois começam lentamente de um lado para o outro no trecho delimitado, livrando-se dos cipós que dificultam seus passos e usando os pés como detectores. Às vezes, abaixam-se e tentam distinguir com a sensibilidade das mãos qualquer coisa além de água e barro.

O pescador Bernardo aproxima-se de Santos Vidarte, que fotografa o trabalho dos voluntários:

– O que diz o equipamento?

– É aqui mesmo – responde Vidarte.

Bernardo faz um gesto afirmativo com a cabeça aos outros moradores do local.

Passam-se longos minutos. O delegado caminha de um lado para o outro na prainha, orientando a direção que os pescadores devem seguir. Nada acontece. Gadret começa a chutar algumas pedras, enquanto rumores desanimados crescem entre os agentes. Paulo Koetz afasta-se do grupo, bebe um gole e volta à clareira. Na lagoa, Abílio anda em círculos. Perto da canoa, Fioravante tropeça e quase perde o equilíbrio.

– Tem alguma coisa aqui! – ele grita, atraindo a atenção de todos.

O pescador esfrega os pés no chão e sente algo macio. Baixa o braço e começa a tatear.

– Acho que é ela! Venham depressa!

Dois policiais entram na lagoa de roupa e tudo.

– Segura as pernas – ordena o inspetor Simão Giordano.

– Cuidado, muito cuidado para que não se perca nenhuma pista – orienta o delegado Gadret.

– Têm umas pedras amarradas nos pés, chefe – diz o inspetor Giordano.

São necessários quatro homens para trazer o corpo à margem com toda a cautela. Entre os policiais, se estabelece uma sensação de regozijo que, no entanto, logo vai se desfazendo diante da visão do cadáver.

Paulo Koetz agacha-se para enxergar melhor. Maria Luiza é pequena, menor do que ele esperava; bonita, tem o rosto tranquilo, mas o que chama a atenção é a posição dos braços, unidos nas pontas como se tivessem abraçado alguém antes de morrer. Koetz imagina: como Pierre, Heinz atira em Maria Luiza, depois a abraça e tenta se matar, mas não consegue.

Vidarte e o fotógrafo do *Diário de Notícias* batem chapas do corpo de todos os ângulos. No rápido exame realizado na margem da lagoa, o delegado Gadret encontra um ferimento a bala à altura do seio esquerdo. A moça estava descalça. O pescoço e as pernas estão amarrados a pedras por um fio de arame. Entre as pedras, o delegado encontra um tijolo com um monograma impresso com as letras JD.

O cadáver de Maria Luiza é coberto com um lençol.

– Coloquem o corpo no rabecão e levem imediatamente para o necrotério da Faculdade de Medicina – ordena Gadret. – Medina, vá até Osório e telefone para a Repartição. Quero que alguém do Instituto de Medicina Legal, de preferência o doutor Celestino Prunes em pessoa, esteja lá para receber o corpo e adiantar o exame. Peça que alguém pesquise quem produz tijolos com a marca JD. Ah, e que avisem o doutor Waldyr Borges que estou indo direto para interrogar Heinz Schmeling no Hospital Alemão.

São necessários quatro homens para trazer o corpo à margem com toda a cautela.

- Finalmente acabou, delegado - comenta Ernesto Neumann, acompanhando o delegado até o carro.

- Recém está começando.

*

São 9 e meia da manhã e o automóvel do *Correio do Povo* retorna a Porto Alegre. Paulo Koetz acha-se estirado no banco traseiro.

- Máquina de localizar cadáver, né? - ele comenta com o fotógrafo Santos Vidarte, ao lado do motorista.

Vidarte solta uma gargalhada.

- O sujeito engoliu.

- Debochando da ignorância alheia, seu Vidarte. Que feio! - o motorista entra na brincadeira.

- Precisa ver a cara. Quando acharam o corpo, ele trouxe os outros pescadores e pediu para eu explicar como a máquina funciona.

- E o senhor?

- Disse que quando a luz do flash fica mais amarela, é porque o corpo está ali.

- E ele?

- Disse: "o que não inventam?"

Mais gargalhadas. Paulo Koetz bebe um gole de uísque, deita-se no banco com o chapéu sobre o rosto e lentamente vai se afastando da realidade. As vozes se esvaem e resta apenas o ruído rascante do automóvel. Ele levanta-se bruscamente e sai cambaleando pelo que parece ser o corredor de uma sala de cinema. A seu lado, um guarda civil uniformizado indica poltronas vazias com uma lanterna, mas Koetz, carregando uma caixa, é conduzido em direção à tela escura e líquida, que vai vergando para trás até ficar na posição horizontal, como uma piscina.

Olha para o lado e quem está com ele não é mais o guarda, mas um pescador que diz: "A máquina de localizar cadáveres! A máquina de localizar cadáveres". As poltronas transformaram-se em arbustos vivos que tentam capturá-lo. Koetz pisa na gigantesca tela caída ao chão e sente o pé afundar. Tenta puxá-lo, mas não consegue porque o pé está preso a tijolos. No meio da tela, que virou lagoa, há um redemoinho. Do centro, surge uma luzinha amarelada como uma pérola, que cresce de tamanho até ofuscar sua visão. Ele aperta os olhos e quando os abre, uma mulher sem rosto vestida de azul emerge da lagoa e vai até ele dando palmadinhas no próprio peito. "Atira bem aqui!". Koetz olha para as mãos e nota que a caixa se transformou em um enorme revólver. Ele olha para trás e vê uma patrulha, com o pescador Bernardo à frente: "É a máquina de achar cadáveres!". Ernesto Neumann debocha. Os policiais gritam: "Koetz! Koetz!". Ele torna a olhar para a mulher, cujo rosto toma as feições de Maria Luiza. Contra a sua vontade, a arma dispara. Maria Luiza enlaça seu pescoço e, abraçado a ela, ele se deixa afundar nas profundezas da lagoa, enquanto os outros continuam chamando: "Koetz! Koetz!".

– Koetz.

Ele abre os olhos e enxerga o rosto de Santos Vidarte.

– Chegamos a Porto Alegre.

O automóvel do jornal está estacionado no pátio de um posto de gasolina. O funcionário aproxima-se com uma mangueira.

– Onde posso conseguir um telefone? – Koetz pergunta.

– O funcionário aponta para o escritório.

O repórter vai até lá e liga para o jornal.

– Acharam a moça – ele diz ao editor João Bergamaschi. – Ou melhor. Acharam o cadáver da moça.

– Vem pra cá e escreve.

– Estou cansado.

– Descansa depois. Na edição de hoje, estamos publicando a tua matéria.

– Aquela engavetada?

Enquanto conversa, Koetz vê o funcionário retornar ao escritório, fazer algumas anotações em um caderno e movimentar a caixa registradora.

– Estamos indo. Quero duas para amanhã, uma só de fotos.

– Primeiro escreve – diz o editor.

Koetz folheia o caderno. Na madrugada do dia 18, encontra dois registros do Ford V8 de Heinz Schmeling. O funcionário do posto retorna ao pátio com o troco para o motorista do jornal e reclama de vê-lo bisbilhotando os registros.

– Quem estava de plantão na madrugada do dia 18?

Desconfiado, o funcionário responde.

– Era o Arlindo, mas ele só trabalha de noite e descansa de dia.

– E onde ele mora?

– Agora o senhor me apertou. Só sei que é naquele morro – ele aponta para o Moinhos de Vento.

— Ora, deve haver algum documento com o endereço dele.

*

Quando retorna ao Hospital Alemão, novamente acompanhado por um estenógrafo da Polícia, o delegado Armando Gadret já sabe que os tijolos com a marca JD são fabricados na olaria de Joaquim Difine e, atualmente, são utilizados em apenas uma obra na cidade, uma casa em construção na Rua Coronel Bordini. Em sua mente, Gadret já conseguiu esboçar o trajeto percorrido pelo V8 dirigido por Heinz Schmeling na madrugada de 18 de agosto.

O advogado Waldyr Borges o aguarda na porta entreaberta do quarto.

— Temos todo o interesse em colaborar, delegado, mas considere que o estado de saúde de meu cliente se agravou nas últimas horas. Ele está muito fragilizado.

— Pretendo ser breve. Quero apenas a confissão.

— Tenha a bondade.

O delegado fica de pé ao lado da cama de Heinz Schmeling.

— Encontramos o corpo de Maria Luiza. O que tens a dizer, Heinz?

O ferido desmancha-se num choro convulsivo, que se prolonga por vários minutos. A mãe se aproxima e afaga seu rosto. O delegado faz perguntas em sequência, que são abafadas pelo pranto soluçante do rapaz. Impaciente, Gadret espera que a cena chegue ao final. Quando Heinz se controla, volta à carga:

— Tudo indica a tua culpa no caso. Por que não contas a verdade?

— A verdade já foi dita. Eu não matei ninguém!

— Onde estavam os tijolos que amarraste no corpo de Maria Luiza?

— Estavam na beira da lagoa!

— Mentira! Esses tijolos só existem em uma construção na Rua Coronel Bordini.

– Não! Os tijolos estavam na lagoa. Tudo se passou como eu disse. Juro!

– Não brinques com a Polícia, rapaz. Depois de raptar e violentar Maria Luiza no Mont'Serrat, deste um tiro nela e conduziste o cadáver no automóvel, até a Lagoa dos Barros. No meio do caminho, pegaste os tijolos numa obra da Bordini. Esse ferimento que tens no peito foi produzido por ti mesmo. Tentaste contra a existência na volta a Porto Alegre, quando te deste conta do ato que havias praticado.

– Não!

– Confessa enquanto é tempo, ou vou te mandar para a Casa de Correção.

Heinz fica em silêncio, retorcendo-se na cama. Faz movimentos com os lábios como se quisesse dizer alguma coisa, mas a voz não sai. Começa a ficar agitado. A mãe tenta acalmá-lo e ele tem nova crise de choro. O advogado segura o braço de Gadret.

– Acho que já basta, delegado – intervém o advogado. – Suas visitas frequentes estão prejudicando a saúde do rapaz.

– Pretendo vir quantas vezes eu achar necessário – Gadret responde, ríspido.

Ele ainda permanece alguns instantes olhando para Heinz, que chora convulsivamente. Espera o momento da confissão, mas ela não vem.

*

O *Correio do Povo* daquela quarta-feira estampa em página inteira a reportagem que Paulo Koetz havia escrito na segunda-feira, com o título: *Impressionante drama passional abala a sociedade porto-alegrense*. Mostra fotografias ampliadas dos rostos de Heinz e Maria Luiza. A dele é uma reprodução de um documento de identidade. A dela, um retrato posado em meio-perfil. Traz ainda fotografias das diligências policiais da véspera, no Morro Mont'Serrat e no Litoral. De novidade, traz a informação de que Heinz revelou que jogou o corpo de Maria Luiza na Lagoa dos Barros, com o título dúbio *A confissão*. Mas ainda não noticia a descoberta do corpo.

Ao final da manhã, cansado e com o corpo dolorido, Paulo Koetz senta diante da máquina e começa a redigir a reportagem para o dia seguinte. "O rapto sensacional ocorrido na madrugada de domingo último, nos salões da Sociedade Germânia, continua empolgando a cidade. Assume, já agora, um aspecto verdadeiramente dramático pelas circunstâncias que o cercam e pelo que existe de imprevisto nos acontecimentos".

A seguir, faz uma minuciosa narrativa de todos os acontecimentos da madrugada. No trecho sobre a descoberta da pérola, Koetz esbarra em dilemas éticos. Não é vaidoso a ponto de se vangloriar, mas, em nome da verdade, sabe que é necessário destacar a importância do achado para a localização do corpo. Ele faz várias tentativas para encontrar a forma final: "O inspetor Hilton Cabral, acompanhado do repórter Paulo Koetz, do *Correio do Povo*, descobriu uma pedra minúscula do colar de Maria Luiza ou de um de seus brincos. Era a pista reveladora. A pérola iria indicar com precisão o local exato em que jazia o cadáver de Maria Luiza".

Relê e acha adequado. Além de convenientemente reduzir seu papel no episódio, Koetz homenageia sua principal "fonte" na Polícia. Enquanto redige, ele vai recebendo os cumprimentos dos colegas, na forma de tapinhas nas costas. Capricha no momento de descrever a vítima: "A fisionomia de Maria Luiza era a mais natural possível. Nenhuma contração nos músculos de sua face, a boca entreaberta, serena. Os cabelos misturando-se nas pedras do colar que trazia ao pescoço; orelhas sem brincos, as mãos muito alvas contrastando com o tom azulado do *soirée*. Detalhe interessante esse: as mãos se conservavam como se, na hora extrema, quando se enrijeciam os nervos, Maria Luiza abraçasse alguém".

Koetz espreguiça-se na cadeira e solta um bocejo tão intenso que chega a distender suas mandíbulas. "As versões, apesar de tudo, são as mais desencontradas. Não se sabe ao certo se Heinz Schmeling matou a sua namorada, jogando, depois, o cadáver na Lagoa dos Barros. Continua impenetrável o mistério, supondo-se que, praticado o crime e após livrar-se do cadáver, ele tenha voltado o revólver contra o peito, tentando pôr termo à existência. Também surge um outro detalhe, inclinando as autoridades a crer que, em defesa da honra, a moça tenha alvejado o rapaz, suicidando-se em seguida."

*

O delegado Gadret encontra o chefe de Polícia Aurélio Py com um sorriso esfuziante entre as bochechas gordas e rosadas.

- Delegado Gadret. Chamei-o na minha sala para lhe dar os parabéns pela presteza com que resolveu o caso da Sociedade Germânia.

- Encontramos o corpo da jovem, que já está sendo examinado, mas, na verdade, major, ainda falta a confissão.

- Li no jornal que tinha confessado - estranha o major.

- Foi uma imprecisão do jornal. Ele apenas confessou que escondeu o corpo, mas segue negando a autoria. Bate na tecla que a moça atirou nele e depois se matou.

- Mais cedo ou mais tarde confessará - minimiza o major Py.

- Já não tenho tanta certeza. Falei com ele pelo menos quatro vezes. Por mais que se tente pegá-lo em contradição, ele sustenta que é inocente. Quando parece que não tem mais forças para negar, ele entra em surto. Desanda numa crise de choro sem fim.

- Se faz de vítima. Já temos uma linha de investigação?

- Não tenho dúvida de que o rapaz é o assassino. Provavelmente, ele violentou e matou a moça no Mont'Serrat e levou o cadáver para a lagoa. Depois de ter escondido o corpo, retornou à Capital e tentou se matar ou simulou uma tentativa de suicídio. Sem a confissão, precisamos juntar provas para comprovar esses fatos.

O major Py permanece pensativo por alguns instantes.

- Talvez não seja de todo ruim.

Gadret estranha.

- Pense da seguinte forma: a relutância do rapaz em admitir a autoria vai exigir um minucioso trabalho da nossa Polícia Técnica. Com toda a moderna aparelhagem que dispomos, será possível produzir as provas necessárias para elaborar o inquérito policial, tanto na exumação do corpo quanto nas demais perícias.

- Concordo. Seria mais fácil se ele confessasse, mas...

- Às vezes, o caminho mais difícil pode ser o mais conveniente. Estamos diante da possibilidade única de demonstrar à sociedade todo o benefício que significa uma Polícia cientificamente aparelhada. E outra coisa: precisamos conquistar a opinião pública e, para isso, a imprensa será nossa aliada. Qualquer nova descoberta da investigação, por menor que seja, deverá ser imediatamente repassada para os jornais.

O delegado Gadret deixa a sala do chefe de Polícia e se dirige ao Instituto de Medicina Legal, no subsolo da repartição, onde o médico Celestino Prunes está ditando o laudo cadavérico de Maria Luiza Häussler para uma datilógrafa.

- Se o senhor esperar uma hora, lhe entrego o laudo pronto - diz o médico.

- Decerto, mas gostaria que o senhor me passasse um resumo do exame - pede Gadret, sentando-se na cadeira diante do legista.

- Não é minha praxe, mas, enfim... Bem, foi morte fulminante. Constatei um ferimento por arma de fogo com entrada na parte anterior do seio esquerdo, dois dedos acima do mamilo, e saída pelo dorso, em uma região um pouco abaixo, no mesmo ângulo. O disparo foi feito a poucos centímetros.

- À queima-roupa.

- Não há dúvida, porque, mesmo depois de tantas horas submersos, o vestido e a roupa de baixo ainda mantêm sinais de queimadura. Além do mais, as bordas do ferimento ainda conservam uma tatuagem de pólvora na pele. O tiro foi dado pela frente e de cima para baixo. No trajeto, a bala atingiu o coração e o estômago, além de perfurar o pulmão esquerdo e o diafragma. Tudo isso estará especificado no laudo, com todos os detalhes.

— Está confirmado, então, que ela foi assassinada?

— Lamento decepcioná-lo. Consideremos assim: o mais provável é que outra pessoa tenha disparado o revólver, mas tecnicamente não se pode descartar a hipótese do suicídio.

O delegado Gadret empina-se na cadeira.

— Esperávamos que o exame confirmasse o assassinato.

Prunes vai até o delegado. Aponta o braço simulando portar um revólver na mão direita. Ao encostar no delegado, torneia levemente a mão para baixo.

— Pela trajetória do projétil, se outra pessoa tivesse disparado, o tiro seria dado nesta posição. Seria a hipótese mais aceitável.

Em seguida, o médico ergue o braço dobrado à altura do tórax e curva a mão para si, como se tivesse uma pistola apontando para seu próprio coração.

— Em caso de suicídio, ela teria feito esse gesto. É um movimento um tanto difícil, mas não impossível.

O delegado Gadret permanece alguns instantes em silêncio, sem esconder o desapontamento.

— Pelo menos o exame comprova o estupro?

— Receio que não, delegado. Encontramos suas vestes íntimas praticamente removidas, o que poderia indicar que houve relação sexual. No entanto, o exame de seus órgãos genitais não revela nenhum indício de que houve violência sexual.

— Neste caso... — o delegado começa a sentir um desconforto.

— Até aí, concluiríamos que teria havido sexo consentido, mas posso lhe assegurar que nem isso aconteceu por uma simples razão: o corpo tem o hímen intacto.

— Como?

— Maria Luiza Häussler morreu virgem.

*

Paulo Koetz solta um longo bocejo e toca na campainha do casebre número 38 da Rua Marquês do Pombal.

- Devem estar atrás do Arlindo - diz a mulher que atende a porta.

- Por quê? Já teve gente atrás dele.

- Um pessoal da Polícia. Vocês são?...

- Jornalistas.

- Meu marido tá famoso - ela diz, com algum sarcasmo.

- É possível conversar com ele?

- Só se vocês descerem em direção à Dom Pedro e dobrarem à direita. Ele deve estar no primeiro mercadinho.

Arlindo Mota Pinto é um homem pequeno, de nariz grande, e ostenta um lenço vermelho puído entre a camisa branca e o paletó de lã cinza.

- Deve ser por causa do crime - ele diz aos jornalistas, um tanto contrariado.

- Decerto.

Arlindo relata que o Ford V8 esteve duas vezes no posto de gasolina naquela madrugada, conforme está registrado no livro.

- O senhor estava acordado?

- Não costumo dormir no serviço, moço - ele se ofende. - E tem mais. Conheço muito bem o moço que estava na direção, o Heinz, porque ele vem sempre aqui botar gasolina na minha bomba.

Revela que, na primeira vez, Heinz chegou com os faróis desligados e parou bem longe da bomba. Depois de insistir que ele aproximasse o automóvel, o frentista teve que realizar o abastecimento com a mangueira esticada.

- Notei que o rapaz evitava que eu me aproximasse do auto.

- Ah, é? Havia mais alguém com ele?

- Ninguém. O policial que falou comigo perguntou se podia haver alguém escondido ou um corpo. Só de pensar, me arrepio, mas eu não vi. Mal eu terminei de colocar a gasolina, entrei na sala do posto para limpar as mãos e quando voltei para receber o dinheiro, o Heinz estava na porta do escritório, com uma nota de 50 mil réis na mão.

— Recebeu o troco?

— Recebeu e seguiu a toda velocidade para o Passo da Mangueira. Vai sair no jornal de amanhã? - pergunta Arlindo, fazendo uma pose para o fotógrafo.

— Acho que vai. Notou alguma coisa estranha no moço?

— Nada de mais. Ele estava com roupa de gala, de casaco e bem penteado. Notei apenas que estava nervoso e com o rosto bem vermelho.

— E na volta?

— Quando voltou, estava mais calmo e sereno. Mas tudo isso eu já disse para a Polícia. Vocês acreditam que ele matou a moça?

— É possível.

Koetz despede-se e quando o automóvel do jornal começa a se afastar, Arlindo ainda grita da porta do mercadinho:

— Eu estava me esquecendo de dizer que na volta o rapaz estava com o cabelo um pouco desalinhado.

*

São oito da noite e o Ford V8 placas 27-50 está estacionado no pátio da Repartição Central de Polícia, com todas as portas abertas. O diretor do Instituto de Identificação, José Lubianca, acompanhado pelo inspetor Rubens, seu sobrinho e auxiliar de laboratório, se aproximam do veículo vestindo guarda-pós e portando lanternas de raios ultravioleta.

— Por favor, eu sei que o delegado Gadret autorizou a presença dos senhores, mas vou solicitar que mantenham certa distância regulamentar do automóvel, a fim de que possamos realizar nosso trabalho com tranquilidade e atenção - José Lubianca diz ao grupo de repórteres e inspetores que cercam o automóvel.

Inicialmente, os peritos inspecionam meticulosamente o porta-malas do V8, sem nada encontrar. A seguir, a lâmpada roxa de UV é

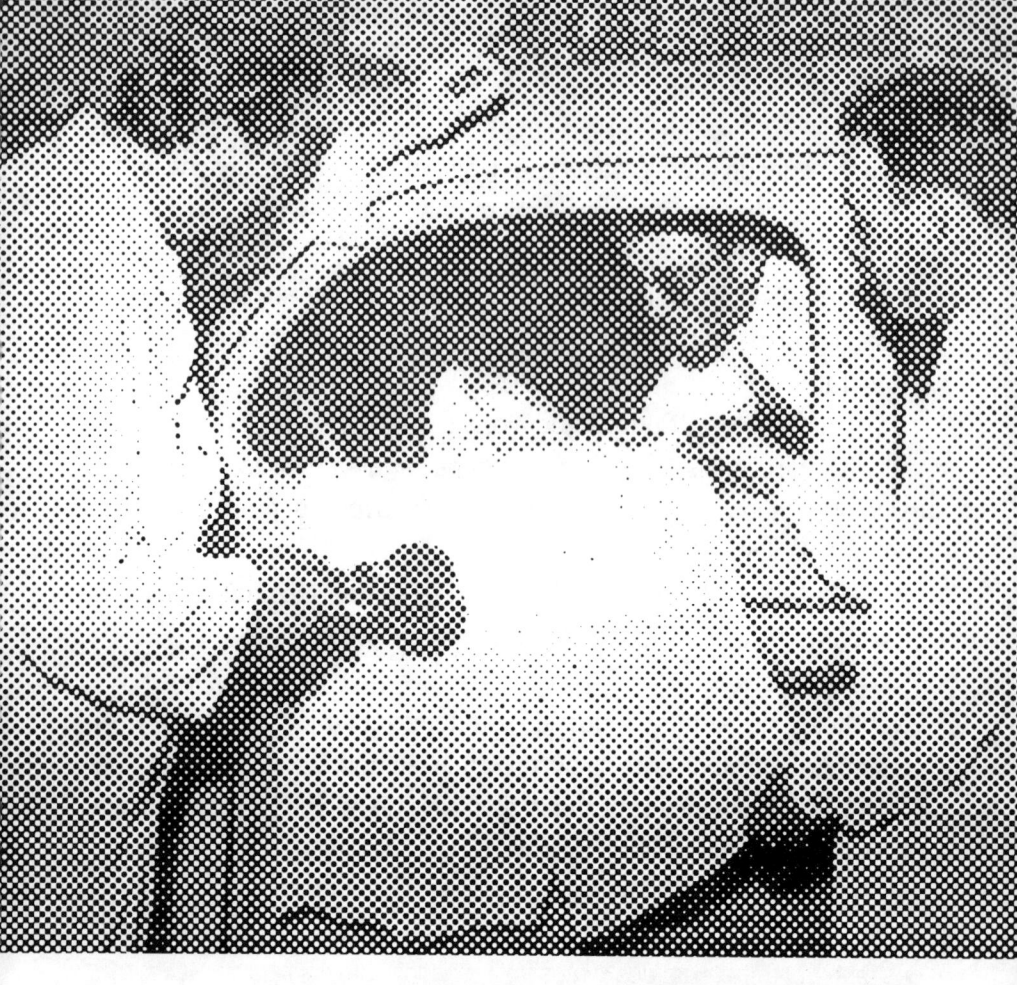

Peritos aproximam-se do veículo vestindo guarda-pós e portando lanternas de raios ultravioleta.

acionada rente ao banco traseiro. A olho nu, é impossível detectar qualquer detalhe anormal. O inspetor Rubens movimenta a lanterna vagarosamente pelo tapete e pelo estofamento, sob o olhar atento do tio.

– Espere!

José Lubianca aproxima o rosto do ponto iluminado.

– É sangue?

– Sem dúvida, é sangue. Vamos adiante.

A descoberta provoca uma pequena excitação na plateia improvisada. Rubens passa a examinar o encosto do banco traseiro. Ao atingir a parte superior, a lanterna começa a revelar um contorno retangular.

– Pare aí! – ordena José Lubianca.

A esta altura, os assistentes disputam espaços nas janelas do V8. Com a projeção dos raios ultravioleta, todos enxergam com nitidez o desenho de um tijolo.

– Parece ser um tijolo.

– Ao que tudo indica – responde o perito-chefe.

– Quer dizer, então, que o tijolo estava suspenso nesta altura do estofamento.

– Oficialmente, não me cabe tirar conclusões, mas é uma hipótese.

– E extraoficialmente?

– Bem, o tijolo poderia estar amarrado na vítima, no pescoço ou nos pés, se os pés estivessem para cima.

– Então, está comprovado que ele transportou o cadáver no automóvel.

– Não cabe a mim tirar conclusões. Meu trabalho é levantar todos os dados possíveis, que serão repassados ao responsável pelo inquérito.

No estofamento e no tapete de borracha, os peritos encontram resíduos de tecidos variados, indicando que Heinz poderia ter lavado os bancos logo após se desfazer do corpo. Antes de encerrar a perícia, um dos inspetores traz um dos tijolos encontrados com o corpo de Maria Luiza. Cuidadosamente, José Lubianca o aproxima na marca indicada pelos raios UV.

– Não restam dúvidas. A marca é deste tijolo.

*

De posse dos exames realizados pela perícia, o delegado Armando Gadret pede a presença dos jornalistas em seu gabinete. Às nove da noite, a sala da Delegacia de Segurança Pessoal e Investigações acha-se repleta. Os repórteres ocupam todas as mesas normalmente utilizadas pelos inspetores. Paulo Koetz senta-se sobre uma cadeira próxima ao delegado, que fala devagar para que os jornalistas possam copiar literalmente o que ele diz:

— Senhores, em virtude dos últimos acontecimentos, entendi necessária uma manifestação oficial da Polícia sobre o caso do qual todos têm conhecimento. Ante os dados obtidos, a posição da Polícia é a seguinte: Heinz Schmeling premeditou o assassinato de Maria Luiza Häussler.

Os repórteres anotam a frase literal do delegado.

— Por que ele não confessa? — pergunta Koetz.

— Isto agora não é mais necessário. As diligências policiais conseguiram reunir uma série de elementos que vem contrastar com as negativas de Heinz Schmeling. Podemos afirmar que houve premeditação do crime. Quando se dirigiu ao baile da Sociedade Germânia, já havia preparado tudo o que julgara necessário para a eliminação da moça e o sumiço do cadáver. E tanto foi assim que ele levou tijolos de Porto Alegre, o mesmo acontecendo com o arame que estava escondido debaixo do assento do V8. Consumou o crime no Mont'Serrat e carregou o corpo até o local onde foi encontrado. Além disso, se a morte fosse realmente acidental, o criminoso não teria interesse em fazer desaparecer todos os vestígios de sua ação.

— O que, por exemplo?

— Ele jogou o cadáver na Lagoa dos Barros, em um lugar afastado, de difícil acesso. Depois, limpou as impressões digitais do revólver e lavou o interior do automóvel, conforme está provado na perícia realizada há poucos momentos. Portanto, após a morte, ele agiu com extrema frieza e não movido pelo desespero.

— Como se feriu?

— Em seguida, antevendo as consequências de seu gesto, voltou a arma contra si e deflagrou-a.

— Mas não morreu.

— Bem, o natural medo da morte deve ter feito com que o projétil não atingisse uma parte vital do corpo e ele não teve coragem para um segundo tiro. Não desconsideramos a possibilidade de que ele tenha apenas simulado um suicídio.

– Os peritos descartam a hipótese de que a moça tenha se suicidado?

O delegado Gadret é cuidadoso:

– Os médicos estão inclinados a concluir que houve assassinato, pela trajetória do projétil no corpo, mas não afirmam categoricamente a impossibilidade de suicídio. Será necessário um exame mais rigoroso, que não pôde ser feito, dada a gravidade do estado de saúde do rapaz. Além disso, serão realizadas, também, pesquisas de resíduos de pólvora nas mãos de Heinz, cujo resultado, sendo positivo, confirmará o julgamento aparente de que houve mesmo assassinato premeditado e tentativa de suicídio. Era o que eu tinha para os senhores.

– O senhor vai pedir a prisão preventiva?

– A tendência é esta, logo que forem concluídos os exames. Agora, se me dão licença...

QUINTA-FEIRA, 22 DE AGOSTO

Paulo Koetz dormiu doze horas seguidas. Tomou um banho reparador e se dirigiu ao Centro ansioso para retomar o caso com ânimo redobrado. Nos bancos do bonde Santana, jornais abertos escancaram as fotografias das buscas na Lagoa dos Barros. Naturalmente, o que provoca comoção nos leitores são os retratos do corpo de Maria Luiza.
– Parece um anjo dormindo – um passageiro comenta com o vizinho de banco.
– Pena que no Brasil não tenha pena de morte – o outro vocifera.
Koetz desce no terminal do Mercado. Bebe um aperitivo no balcão do Bar Naval. Os comentários se repetem.
– Onde já se viu? Matar uma menina a sangue-frio.
– Covarde!
– Parece que violentou antes de matar.
– Deixa ele chegar no presídio pra ver o que é bom!
A comoção popular está viva nas lojas, nas conversas do Largo dos Medeiros, nos bancos da Praça da Alfândega. As bancas de jornais mostram as páginas abertas com as reportagens sobre o crime. O *Correio do Povo* reproduz, no título, as palavras do delegado Armando Gadret: *Assassínio premeditado e tentativa de suicídio*. O *Diário de Notícias* preferiu: *Morta em Porto Alegre*, com o subtítulo: *Tijolos misteriosos foram trans-*

portados no Ford 27-50. Abastecida pela imprensa, a cidade escolheu o vilão. Heinz Schmeling será crucificado.

Na redação, Paulo Koetz compara os conteúdos das duas reportagens. Busca o trecho em que o rival Ernesto Neumann descreve a descoberta do corpo no *Diário*: "Não era possível contemplar aquela figurinha linda de mulher, com a face serena e os braços apertados num abraço amplo e gélido, sem sofrer a mais dolorosa impressão de dor, participando intensamente do drama terrível que a infeliz terá representado nos últimos instantes de vida".

– Dolorosa impressão de dor? Nesta, o Neumann se superou – ele comenta em voz alta, com algum sarcasmo.

Koetz julga que seu relato sobre a descoberta do cadáver de Maria Luiza é mais completo, mas, no geral, admite que a cobertura do *Diário de Notícias* oferece mais informações acessórias. Mostra uma entrevista do pastor Gottschalk, antevendo que dificilmente Heinz Schmeling confessará, e apresenta uma suposição, sem fonte, de que o rapaz estaria pensando em suicídio. Revela também que Heinz teria feito um seguro de vida de 50 contos de réis tendo o irmão Gert Joachim como beneficiário.

O que incomoda Paulo Koetz é uma matéria destacada ao pé da página, com o título: *Se Heinz Schmeling for o matador de Maria Luiza, ele pode ser condenado a 32 anos e 3 meses de prisão*. Ernesto Neumann – certamente ele – valeu-se de sua condição de policial para obter do delegado Gadret informações privilegiadas sobre o indiciamento do rapaz. De posse delas, simplesmente somou as penas previstas em lei.

– Levamos um furo, Koetz – cobra o editor João Bergamaschi.

– O seguro de vida? É de 5 de janeiro. Ele estaria tramando o crime desde lá? Sem chances.

– Falo da pena de 32 anos.

– O que fazer? O sujeito está lá dentro, no ninho das cobras. Assim, é fácil.

– Não concordo. Pelo que o delegado falou ontem, não seria difícil imaginar em que artigos ele pretende indiciar o rapaz. Rapto, homicídio qualificado, ocultação de cadáver, os agravantes. Tudo isso foi dito na entrevista. Mais atenção, Koetz.

*

    O Porto Alegre College foi fundado em 1923 por missionários da Faculdade de Teologia da texana Southern Methodist University para funcionar como uma versão masculina do Colégio Americano, implantado três décadas antes para meninas das famílias luteranas. Instalou-se em uma vasta área bem no alto do Morro Mont'Serrat e passou a receber alunos de todas as correntes protestantes, como os filhos de Eithel e Frida, Gert Joachim e Heinz Werner. Em 1937, o colégio mudou o nome para Instituto Porto Alegre, mas todos passaram a chamá-lo pela sigla IPA.
    O delegado Gadret chega ao gabinete da direção do IPA e pede que os jornalistas esperem do lado de fora. Cruza a antessala onde estão três rapazes acompanhados de seus respectivos pais e é recebido pelo diretor Oscar Machado, tentando disfarçar a ansiedade.
    – Heinz era bom aluno e um rapaz muito benquisto entre os colegas – começa o diretor. – Essa história causou uma comoção no colégio. É difícil acreditar que tenha sido capaz de cometer um ato desses.
    – Ninguém é capaz de matar, até que mata – responde Gadret.
    – Fomos informados de que alguns alunos comentaram entre os colegas que teriam visto Heinz dentro de um automóvel com as características do que ele usou naquela madrugada. Consegui identificar três rapazes. A princípio, eles ficaram receosos de falar com a Polícia. Conversei bastante com eles e falei com os pais. Finalmente, eles mostram que estão dispostos a colaborar. Posso chamá-los?
    – Por favor.
    Edgar Wagner, Nelson Matzenbacher e Theo Dockhorn possuem físicos de atleta, mas rostos de menino. Entram na sala, um tanto amedrontados.

– Pois bem, rapazes, este é o delegado Armando Gadret, que está investigando o caso. Por favor, contem ao delegado o que vocês viram – diz o diretor.

Eles ficam se olhando, esperando que algum tome a iniciativa.

– Na madrugada de domingo, nós vimos um automóvel estacionado na Rua Casemiro de Abreu a poucos metros do portão central do Instituto – começa a relatar Nelson.

– Um Ford V8?

– Sem dúvida, era um V8 de cor clara. Bege ou cinza – vacila Edgar.

– Cinza – garante Nelson.

– Era cinza, sem dúvida – confirma Theo.

– Lembram a placa?

Os três negaram.

– O que vocês faziam ali?

– Estávamos no auto do pai de Theo, voltando de uma festa na Rua Coronel Bordini – responde Nelson. – Subimos a Casemiro e o auto cinza estava bem em cima do morro, perto do portão do IPA.

– Vocês enxergaram quem estava dentro?

– Nós olhamos para dentro do V8. Mera curiosidade. Eu estava sentado no meio do banco e só pude ver que os vidros estavam fechados – diz Edgar Wagner.

– Eu estava na janela e vi duas pessoas. Pareciam um homem e uma mulher – acrescenta Nelson.

–Vocês conhecem Heinz Schmeling?

Os três balançam a cabeça afirmativamente.

– Quem não conhece? – diz Edgar. – Era uma figura bem popular aqui no IPA.

– Poderia ser Heinz Schmeling o rapaz que estava no V8?

Os rapazes ficam se olhando.

– Não deu para distinguir – diz, finalmente, Nelson Matzenbacher e os outros concordam.

O delegado aumenta o tom de voz.

- Vocês têm alardeado aos colegas que viram Heinz naquela madrugada. Agora, não têm mais certeza?

- Poderia ser ele, mas não se pode dizer com certeza - responde Edgar.

Armando Gadret insiste mais um pouco, até cansar das evasivas dos alunos. À saída, diz vagamente aos jornalistas que os estudantes forneceram algumas pistas que poderão ser proveitosas para a investigação. Enquanto os repórteres procuram entrevistar os alunos, Gadret deixa o IPA um pouco menos entusiasmado e bem mais aborrecido do que quando chegou.

*

- O senhor é o que do paciente? - pergunta a enfermeira encarregada da portaria.

- Primo.

Ela confere uma listagem.

- Na relação de parentes, não consta nenhum Paulo Koetz.

- Sou primo em segundo grau.

Depois de alguma hesitação, ela pede que uma freira mais jovem acompanhe Koetz até o segundo andar. A presença do jornalista no quarto provoca uma crise de pânico em Heinz Schmeling.

- Polícia! Tirem ele daqui.

Frida olha para Koetz.

- Quem é você?

- Eu gostaria de trocar umas palavras...

- Tirem ele daqui! Tirem ele daqui!

Frida vê o filho agitar-se e falar coisas sem nexo. Ao acariciá-lo, sente sua testa fervendo.

- Ele está ardendo em febre. Por favor, chame alguém!

Koetz vai ao corredor e pede ajuda. Duas enfermeiras chegam para acudi-lo com panos molhados. O médico Enio Marsiaj examina Heinz. Ele está com 40 graus de febre e a pulsação atinge 160 batidas por minuto. Marsiaj pede um balão de oxigênio e informa Frida que será necessária uma transfusão de sangue.

O jornalista assiste à remoção da cama de Heinz Schmeling. Vai até a mãe e tenta confortá-la.

– Por favor, vá embora! – ela diz.

*

O escritório do advogado português Heitor Pires, em que Waldyr Borges trabalha, situa-se no segundo andar do edifício Hudson, do qual a empresa norte-americana Standard Oil ocupa a maioria das salas. Não chega a ser luxuoso, mas o mobiliário de bom gosto e a vestimenta da recepcionista indicam sinais de prosperidade.

Koetz pretendia entrevistá-lo por telefone, mas Borges sugeriu:

– Nosso escritório fica ao lado do *Correio*. Por que não dá um pulo aqui para um cafezinho?

Em alguns minutos, Koetz está no escritório e diz seu nome à bela recepcionista. Ela abre um sorriso e o conduz para a sala onde trabalha Waldyr Borges. O jovem advogado ergue-se de trás da escrivaninha para cumprimentá-lo e aponta para duas confortáveis poltronas de couro em um dos cantos da peça.

– Um café – pede à recepcionista.

– Em cinco minutos, doutor.

Waldyr Borges senta-se na poltrona ao lado de Koetz.

– Bem, doutor Borges... – começa o jornalista.

– O que é isso, Koetz? Devemos ter a mesma idade. Podes me chamar de Waldyr. Não tenho nenhuma empáfia de ser tratado de "doutor". Fique à vontade. Pensei que os jornais só se interessassem pelos pontos de vista da Polícia.

Koetz fica sem jeito.

– Bem, as investigações policiais ocupam todo o nosso tempo.

- Natural. Eles devem estar desesperados atrás de provas. Então, distribuem agentes pela cidade em busca de qualquer coisa que sirva. E nada acham.

- É notório que existe um sentimento na opinião pública de que...

- Vai me desculpar. A opinião pública está asfixiada por uma cobertura jornalística eivada de equívocos. A Polícia quer tratar esse episódio como um caso exemplar, como um assunto de Estado, e a imprensa cumpre um papel auxiliar nessa estratégia.

- A imprensa limita-se a mostrar os indícios que estão surgindo.

- Nada significativo. Do ponto de vista técnico, não há uma única prova de que Heinz Schmeling seja o autor do crime.

A recepcionista entra na sala com uma bandeja contendo duas xícaras fumegantes e um pote de açúcar. Os dois se servem.

- Uma curiosidade, Koetz: qual é a sua teoria? Pelo que li no jornal, sua posição coincide com a da Polícia.

- Mostrei a versão do delegado, mas também publiquei outra.

- Maria Luiza atirou em Heinz para proteger a honra? Pode descartar.

- Acho plausível.

- Ela atirou nele, mas não para proteger a honra, porque eles mantinham relações há muito tempo.

- Mas o laudo médico disse que ela morreu virgem - estranha Koetz.

- Ambos estão certos. Os dois mantinham relações íntimas e Maria Luiza se mantinha virgem. Como? Vou lhe contar um detalhe *off the record*, que de forma alguma poderá ser publicado.

Koetz aquiesce com a cabeça.

- Maria Luiza tinha uma peculiaridade anatômica muito rara chamada "hímen complacente". Nesses casos, a elasticidade do hímen faz com que ele não se rompa, mesmo que a moça mantenha relações sexuais.

Paulo Koetz mostra uma expressão incrédula.

- Pergunte à mãe dela ou às amigas mais próximas. Talvez não queiram dizer. Falando numa linguagem vulgar, Heinz fornicava com a namorada, mas ela continuava com o cabaço intacto. Situação complicada, não? É um problema que só se resolve com cirurgia. Heinz vinha tentando convencer Maria Luiza a realizar esse procedimento. Sabe como é? Todo o rapaz gosta de ser o primeiro. É como um certificado de posse. Mas ela não concordou.

— Então, por que no último depoimento Heinz mudou a versão sobre esse fato?

O advogado toma o último gole de café e se levanta da poltrona para colocar a xícara na escrivaninha.

— Heinz resolveu adotar uma postura de preservar Maria Luiza a qualquer custo. Não deseja que a reputação da moça seja manchada por notícias de jornais ou, futuramente, no julgamento.

Koetz fica pensativo. Waldyr prossegue:

— Pois é, o moço não é o monstro que parece. Sem dúvida, esse comportamento vai dificultar a defesa. Tentei dissuadi-lo, mas ele se mantém irredutível. Temos que respeitar. Mas e você, Koetz, qual sua teoria?

— Estou convencido de que havia um pacto entre os dois namorados. Um pacto de morte.

— Assististe *Hôtel du Nord*, eu presumo — comenta Waldyr, com alguma malícia.

— Mas Heinz foi mais longe que Pierre — Koetz entra no jogo. — Depois de atirar em Maria Luiza, tentou se matar, mas falhou e depois não teve coragem de dar um segundo tiro.

— Sua teoria vale pela metade. Não houve pacto algum, mas sim uma decisão unilateral de Maria Luiza. Ela atirou nele e se matou. Os indícios colhidos até agora fortalecem essa hipótese.

— Quais?

— Vou lhe dar um. A expressão serena do cadáver de Maria Luiza. Se Heinz fosse o autor do tiro, a fisionomia dela seria de surpresa ou de horror.

— Se ele é inocente, por que se empenhou em esconder o corpo na lagoa?

- Gostas de cinema, não é, Koetz? Então, deves ter assistido a *Rebecca*.

- Ainda não.

- Então, vê e vais entender o comportamento de Heinz.

- De qualquer forma, creio que a tarefa da defesa é inglória. Todos os indícios comprometem Heinz, a começar pelas suas próprias versões desencontradas.

- As declarações de Heinz não são contraditórias. Heinz não mentiu. É fato que omitiu fatos nos primeiros interrogatórios, quando estava pressionado e sem assistência jurídica, mas não mentiu em momento algum. Somente enquanto convalescia é que ele se sentiu seguro para dizer a verdade.

- De qualquer forma, continuo acreditando que Heinz Schmeling é indefensável.

Waldyr Borges adota uma postura formal.

- Estamos esperando ansiosamente o delegado concluir o inquérito e remetê-lo à Justiça. Então, em um ambiente sereno, sem condicionamentos, a verdade vai aparecer.

- O delegado Gadret está pensando em pedir a prisão preventiva de seu cliente.

- Não há razão. Heinz é um jovem de bons antecedentes, com endereço conhecido e não oferece risco à sociedade. Algo mais?

- Gostaria de dizer mais alguma coisa?

- Alguma declaração sensacional? - ironiza o advogado. - Não. Estamos tratando o caso da forma mais tranquila e criteriosa possível, sem nenhuma espetacularidade. Não vamos disputar manchetes com a Polícia. O que eu poderia anunciar é o seguinte: os fatos se passaram na Lagoa dos Barros, que pertence ao município de Osório. Por isso, vamos requerer que o processo tramite no foro de Osório e não em Porto Alegre.

- Para fugir do clamor popular?

- Porque a lei manda.

*

    Irma e Erika Dörken casaram-se no mesmo dia e na mesma festa em um casarão da Rua Mostardeiro, mas em circunstâncias opostas. Um ano mais velha, Irma uniu-se ao comerciante Cristiano Nygaard sob os auspícios da família, ao contrário de Erika, cujo casamento com o industrial Hermann Häussler não teve o menor apoio do pai, o velho Adolpho. As razões da rejeição não eram econômicas nem de posição social. Häussler, proprietário da poderosa Metalúrgica Porto-alegrense, era certamente mais rico do que Nygaard. Mas, em torno dele, havia a desconfiança da comunidade germânica por seu temperamento esquisito, irascível e, às vezes, violento.

    Afastada da família, Erika só ficou sabendo da doença de sua irmã mais nova, Elizabeth, quando houve o trágico desfecho. Em abril de 1924, Erika recebeu um telefonema de Irma informando que Elizabeth, de apenas 16 anos, falecera de tifo, contraído no internato do Colégio Sinodal, em São Leopoldo, onde estudava.

    Erika dirigiu-se ao casarão da Rua Dona Laura carregando Maria Luiza ainda bebê no colo. A sala estava tomada por parentes e vizinhos falando em voz baixa com aspecto grave. Então, Erika ouviu um choro denso vindo da sala de costuras que parecia que iria durar para o resto da vida. Aproximou-se da mãe e ouviu, num lamento: "Betinha foi pro céu!".

    Dezesseis anos depois, a cena se repete na mesma sala, mas quem está dentro do caixão não é Elizabeth, mas o bebê de Erika, Maria Luiza. Desde o sumiço, as notícias sobre o cruel destino da filha foram adquirindo tons cada vez mais graves. Na manhã de segunda-feira, após uma noite em claro, a família soube da aparição de Heinz, sozinho e ferido. O prenúncio da tragédia torturou a família por 24 horas, até que a revelação de que Lisinka estaria morta irrompeu em seu lar como uma desgraça macabra. Por fim, na manhã de quarta-feira, Cristiano Nygaard comunicou a descoberta do corpo na escuridão de uma lagoa.

    Então, foi a vez de Erika dizer aos filhos:

O corpo de Lisinka é levado para o
Cemitério Luterano.

— Lisinka foi pro céu.

Erika chorou até não poder mais. Amaldiçoou Heinz, Frida, os "Mickeys" e até os parentes que deixaram a filha sair do baile naquelas circunstâncias. Com o passar das horas, os demônios se voltaram contra ela, cobrando o seu quinhão de responsabilidade no desfecho da tragédia.

Diante do caixão, sem dormir há quatro dias, Erika se encontra numa espécie de transe. Com o braço direito de Arthur sobre seus ombros, ela recebe as condolências de uma infinidade de familiares e amigos. Seus pais, Adolpho e Ema, os dois se aproximando da faixa dos 70 anos, estão sentados junto ao caixão. Irma e Cristiano trouxeram os filhos, Telma, Magda e o pequeno Rolf. Alguns primos do lado dos Häussler estão presentes. Hermann esteve na casa por alguns momentos. Foi até o caixão, olhou para o corpo da filha e logo se retirou, sem falar com ninguém.

As melhores amigas de Maria Luiza, Elisa Schuler, Norma Zwetsch e Lore Tydemans, choramingam e fungam seus narizes sem parar.

O pastor encarregado da cerimônia pede que Erika ou alguém da família diga algumas palavras de despedida.

– Não se obrigue – diz Arthur, tentando poupá-la, mas Erika resolve falar.

– Maria Luiza foi um anjo em vida. Agora, é um anjo ao lado de Deus. Amanhã, quando acordarmos, não veremos o sorriso meigo e generoso de Lisinka a iluminar nossa casa. Nem amanhã, nem nunca mais. Uma desgraça se abateu sobre nós, tão dolorida quanto a perda de Elizabeth, minha querida irmã. Aquela foi uma fatalidade, fruto de uma doença terrível. Esta foi uma tragédia que só o desatino pode explicar. Damos aos jovens de hoje uma liberdade que nunca tivemos. Uma liberdade que eles não estão preparados para usufruir. Este é o resultado deste erro que é nosso. Mas como conceber que alguém poderia fazer mal a Lisinka, que nunca fez mal a ninguém? Quem pode explicar, pelo amor de Deus?

Erika explode num choro doído que cala fundo entre os presentes, enquanto o corpo de Maria Luiza é colocado no rabecão que o levará para o Cemitério Luterano, onde fará companhia ao de Elizabeth Dörken no mausoléu da família.

SEXTA-FEIRA, 23 DE AGOSTO

Novamente, Paulo Koetz apanha na comparação com o rival. Enquanto o *Correio* enfatiza a relutância do acusado em confessar – *Até quando Heinz continuará negando?* –, o concorrente estampa uma fotografia do rapaz montado em seu motociclo, com uma jaqueta de couro, óculos protetores na testa e um grupo de curiosos ao fundo. A legenda informa: *Heinz Werner João Schmeling sempre foi amante das emoções fortes. Seu desporto favorito sempre foi o motociclo. Chegou até a se destacar em competições oficiais, vencendo, a 17 de junho do ano passado, a prova do* Diário de Notícias *nas competições então realizadas pela Federação de Ciclismo e Motociclismo.*

O mais grave, entretanto, é uma matéria no lado direito da página. *Um depoimento que poderá ser útil para o caso fornecido por um notívago da manhã trágica*, diz o título da notícia. Koetz a lê: "Na madrugada de domingo, pouco além das três horas, o declarante afirmou ter descido a rua Casemiro de Abreu, local ermo e frequentado habitualmente pelos pares amorosos que se perdem nas solidões escuras dos morros para suas confidências". Alguém teria comparecido à redação do *Diário* e revelado que testemunhou o crime. Um "notívago", segundo a matéria, teria visto os dois jovens discutindo no interior do automóvel, um Ford V8, e testemunhado o momento em que o rapaz atira na moça.

– Que me dizes? – provoca o editor João Bergamaschi.

Heinz Werner João Schmeling
sempre foi amante
das emoções fortes.

— Sobre a foto da competição de motociclo do próprio jornal? Se eles fossem organizados, já teriam publicado no primeiro dia.

— Não desconversa. Falo da testemunha-chave.

— O que eu posso dizer? Decerto, a informação partiu da Polícia.

— Seria confiável?

— O sujeito jura ter visto um rapaz em um Ford claro, em atitude suspeita, mas não sabe se poderia identificá-lo. Aparentemente, repete o que a Polícia diz. Não fez referência à moça. Pode ser uma testemunha forjada. Temos que esperar.

*

A novidade aterrissara sobre a mesa do delegado Armando Gadret como um prêmio de loteria. A tão sonhada testemunha ocular, que poderá resolver definitivamente o caso, surge sem identidade nas páginas do *Diário de Notícias*. Graças à insistência de Ernesto Neumann, o sujeito decidiu apresentar-se. Ele se materializa diante do delegado Gadret na figura corpulenta do motorista de praça Tito Arruda, mais conhecido na boemia da cidade como "Vira Mundo". É um homem de talvez 40 anos, sobrancelhas espessas, bigode negro e barba por fazer. Veste um casacão de lã escuro e um boné xadrez. Diante dele, o delegado sofre uma leve decepção. "Vira Mundo" não tem propriamente o aspecto de confiabilidade.

— Por favor, senhor Tito, conte o que o senhor sabe.

— Na madrugada de domingo, eu peguei um passageiro na Praça 15 de Novembro e o transportei até aquela zona perto do IPA. Deixei o freguês em casa e estava voltando pela Rua Casemiro de Abreu, quando enxerguei um automóvel claro estacionado junto à calçada, com um casal.

— O que precisamente o senhor viu?

— Vi nitidamente quando o homem segurou os braços da mulher e a empurrou contra a janela. Estranhei aquilo e parei o auto para enxergar melhor. Foi quando ouvi um disparo de arma de fogo.

— O que o senhor fez?

- Tive ímpeto de ir até o auto, mas estava desarmado.
- Não fez nada? Não chamou a Polícia?

"Vira Mundo" faz um gesto vago.

- Prossiga, por favor.
- Em seguida, o auto saiu em louca disparada pela Casemiro de Abreu, entrando na Bordini.
- O senhor não pensou em segui-lo?
- Era uma máquina nova. O meu auto é uma lata velha. Não poderia acompanhar aquela velocidade toda.
- Por que o senhor esperou tantos dias para procurar a Polícia?
- Primeiro, eu não associei com esse crime da lagoa.
- Como não? É só o que se fala na cidade!

"Vira Mundo" gagueja:

- Bom, delegado, eu não achei que...
- O senhor testemunha um crime que está causando uma comoção na coletividade e não acha importante informar a Polícia imediatamente? - desconfia o policial. - Pode nos levar até o local?
- Perfeitamente.

*

Paulo Koetz assiste à performance de "Vira Mundo" no morro do IPA com desconfiança. Um grupo de policiais e jornalistas acompanha os movimentos do *chauffeur*, que parece inebriado com a audiência.

- Foi aqui.

O motorista aponta para um local situado na descida da Rua Casemiro de Abreu, um pouco abaixo da esquina com a Coronel Bordini. E continua:

- O carro estava parado aqui. Tenho certeza porque era uma noite clara. Pude ver nitidamente o veículo pela sua cor quase branca.
- Um Ford V8? - pergunta Koetz.

"Esse olhar era tão estranho, tão penetrante e tão alarmante que senti como se tivesse recebido uma chispa elétrica."

— Sem dúvida. Sou *chauffeur* e conheço marca de automóvel. Consegui enxergar um homem e uma mulher dentro do auto.

— O que eles faziam?

— Estavam discutindo, quase brigando. Quando me aproximei, o sujeito segurou a mulher pelos braços e empurrou contra o vidro. Então, ouvi um disparo.

— Um tiro?

— Fez um clarão dentro do auto.

"Vira Mundo" repete o que havia dito ao delegado e é obrigado a responder às mesmas perguntas sobre o destino do V8, sua falta de ação e a demora em se apresentar à Polícia.

— O senhor não lê jornais? — insiste Paulo Koetz. — Não sabe o que acontece na cidade?

- Não associei um fato com outro.

- O senhor é *chauffeur* de praça. Deve conversar com todo mundo, deve ter comentado com alguém.

- O importante é que o senhor Tito prontificou-se a relatar o que viu - interrompe o delegado Gadret. - Sua história, a princípio, é coerente com as evidências anteriormente obtidas.

- O senhor, por certo, viu fotografias de Heinz Schmeling nos jornais. Poderia garantir que o motorista do V8 era ele?

- Impossível identificar. Foi tudo muito rápido - responde, arregalando os olhos. - Mas me chamou a atenção o olhar do motorista. Esse olhar partia de um rosto jovem e redondo. Era tão estranho, tão penetrante e tão alarmante que senti como se tivesse recebido uma chispa elétrica.

*

Paulo Koetz redige a reportagem sobre as revelações de "Vira Mundo", com muitos cuidados e alguma ironia. A conversa com Waldyr Borges rendeu apenas uma nota na qual o advogado requer a transferência do processo para o foro de Osório. Naturalmente, a informação sobre a "peculiaridade" anatômica de Maria Luiza não foi publicada, mas ainda atiça sua curiosidade.

No final do dia, o repórter cumpre o ritual de ligar para o Hospital Alemão em busca de notícias sobre a saúde de Heinz Schmeling. A enfermeira informa uma mudança de rotina. A partir de hoje, os interrogatórios do paciente estão proibidos e apenas os médicos Enio Marsiaj e Jorge Fayet estão autorizados a prestar informações. Só que ambos já deixaram o hospital. Koetz procura seus nomes na lista telefônica. Não localiza Marsiaj, mas Jorge Fayet atende ao terceiro toque da campainha.

- Alô.
- Doutor Jorge Fayet?
- Pois não.

— Aqui é Paulo Koetz, do *Correio do Povo*. Gostaria de conversar sobre o paciente Heinz Schmeling.

— O senhor deve procurar o doutor Enio Marsiaj. Eu cuidei dele nos primeiros dias. Agora, ele está sob os cuidados do doutor Enio.

— Tentei ligar, mas não consegui contato com ele.

— Bem, falei com o doutor Enio há pouco. Heinz Werner teve febre muito alta durante a tarde, mas já normalizou.

— Estranho o senhor chamá-lo de Heinz Werner.

— É como todos o chamam na família – diz o médico. – Na verdade, eu o conheço desde que nasceu, assim como Maria Luiza.

— Então, o senhor é médico das duas famílias?

— Veja a minha situação.

— Doutor Jorge. Se fosse possível, eu gostaria de falar pessoalmente com o senhor sobre detalhes do caso – arrisca Koetz. – É possível?

Jorge Fayet reluta, mas acaba concordando, um tanto contrariado. Vestindo um roupão atoalhado sobre o pijama, o médico recebe Paulo Koetz e o conduz ao seu gabinete domiciliar, na Rua Gonçalo de Carvalho. Uma gigantesca estante de livros ocupa uma parede inteira. As demais são ornamentadas por fotografias da família e diplomas enquadrados.

— A esta hora, só posso lhe oferecer um licor.

— Vou aceitar.

Vencida uma breve etapa de assuntos triviais, Koetz vai ao que interessa.

— O senhor saberia dizer se havia resistências da família de Maria Luiza ao namoro com Heinz, especialmente por parte da mãe dela?

— Acho que estão tentando fazer uma tempestade em copo d'água. Erika apenas tentava fazer ver à filha que os dois eram ainda muito jovens e teriam muito tempo para pensar antes de decidirem se casar. Não havia oposição. Sou testemunha que, por diversas vezes, Maria Luiza foi autorizada pelos pais a convidar Heinz Werner para visitá-la em casa, mas ele nunca foi.

— Por quê?

- Desconheço as razões.

- Noto que o senhor não simpatiza com ele.

O médico tenta organizar a resposta antes de pronunciá-la.

- Digamos que não concordo com certas particularidades de seu caráter, mas nada que seja muito grave.

- Paulo Hans Fayet é seu parente?

- Sobrinho.

- Realmente, é uma grande coincidência.

- A colônia alemã não é tão grande. Todos se conhecem.

- Segundo se diz, Heinz tinha ciúmes da amizade de Paulo e Maria Luiza.

- Disseste bem. Amizade. Não passava disso. Havia entre eles um espírito de camaradagem e simpatia nascido do convívio entre as famílias. Mais um licor?

- Só mais um. Naquela noite, eles teriam dançado por um longo tempo antes da chegada de Heinz.

- Eu sei é que Maria Luiza confessou a Paulo Hans a intenção de romper definitivamente o namoro com Heinz Werner. Paulo, é claro, entusiasmou-se.

- Ele, então, tinha interesse nela.

- Não, acho que me expressei mal - corrige o médico. - Não havia de parte dele nenhuma intenção de flerte.

- Os dois rapazes eram amigos?

- Heinz Werner e Paulo Hans têm exatamente a mesma idade. Estudaram na mesma escola e circulavam pelos mesmos clubes. Durante um tempo, conviveram bastante por ocasião de festas e passeios de automóvel, mas não posso dizer que fossem propriamente amigos.

- Na sua opinião, o que aconteceu naquela noite?

- Não sei muita coisa. Acredito que, quando Heinz Werner viu os dois dançando, o ciúme se manifestou de modo exacerbado. Ele abordou Paulo Hans de forma agressiva, fazendo cobranças. Depois, saiu com Maria Luiza, certamente para lhe tirar satisfações, e creio que ali começou o drama com seu desfecho trágico.

— O que o senhor sabe da intimidade entre Heinz e Maria Luiza?

— O que o senhor quer dizer? — o médico é pego de surpresa.

— Eram dois namorados de longa data, consta que os luteranos são mais liberais, então...

— Está insinuando que... Não. Aliás, apesar de toda a tragédia, fiquei confortado com o exame feito pelo doutor Prunes, que constatou a pureza e a castidade de Maria Luiza, desautorizando as versões de que ela mantinha relações amorosas com o ex-namorado. Conhecia bastante Maria Luiza e nunca acreditei na sua desonestidade. Era uma moça jovial e alegre, sempre com um sorriso de simpatia para quem se aproximasse, mas daí a considerá-la frívola e vulgar vai uma distância do dia para a noite. Eu tinha uma profunda admiração e simpatia por essa menina. Um verdadeiro anjo.

Por alguns minutos, Jorge Fayet discorre sobre a personalidade de Maria Luiza, sua simplicidade, sua doçura, sua meiguice. Enquanto espera que ele complete o perfil da jovem, Paulo Koetz vai tomando coragem para fazer a pergunta.

— Maria Luiza poderia ter o hímen complacente? — ele pergunta e logo se arrepende.

— Quem disse essa barbaridade? — Fayet retruca com a voz alterada.

— É só uma hipótese. Seria a única forma de uma moça ter relações e manter a castidade.

O médico procura se manter calmo, embora o nervosismo se expresse no retorcer das mãos. Por fim, responde:

— Hímen complacente é uma ocorrência raríssima. Eu mesmo, com mais de 30 anos de profissão, conheci dois ou três casos apenas.

— Maria Luiza seria um deles?

— Que eu soubesse, não! — o médico responde com o rosto esfogueado. — Para constatar essa anomalia, seria necessário um exame específico.

O jornalista nota que a conversa tornou-se tensa e trata de mudar seu rumo.

— Bem, não quero tomar o tempo de seu descanso. Eu vim, na verdade, saber sobre a saúde de Heinz.

— Mais um licor?

— O último.

Fayet serve a bebida e começa a falar, em tom mais ameno:

— Fui chamado para atender Heinz Werner na noite de domingo. Posso dizer que ele teve muita sorte. O ferimento poderia ter afetado órgãos vitais, mas o disparo, caprichosamente, melhor dizendo, milagrosamente, seguiu uma trajetória que não oferece riscos de vida. Ele teve problemas colaterais de febre, pressão alta e hemorragia, decorrentes principalmente de seu estado mental, não clínico.

— Em que momento o senhor acredita que ele foi ferido?

— Ou feriu-se? Isso pode efetivamente ter acontecido na madrugada de domingo, mas eu tenho dúvidas. Minha tendência é achar que o ferimento foi produzido pouco tempo antes de Heinz Werner ser encontrado.

Paulo Koetz levanta-se e guarda o bloco de anotações no bolso.

— Agradeço a sua paciência, doutor.

À saída, Fayet faz um pedido:

— Eu lhe pediria para não alimentar qualquer suspeita sobre a vida íntima de Maria Luiza. Ninguém ganharia com isso. Não a traria de volta, nem absolveria Heinz Werner.

*

O delegado Armando Gadret ainda mantém a ideia fixa de dobrar as resistências de Heinz Schmeling. Ao retornar pela quinta vez ao Hospital Alemão, contudo, ele é recebido com uma orientação por escrito do médico Enio Marsiaj: "Atesto que o senhor Heinz Schmeling, recolhido sob meus cuidados profissionais, necessita de repouso absoluto, não se lhe devendo permitir visitas, palestras, interrogatórios etc".

De qualquer forma, ele se consola com o que obteve nos últimos dias, especialmente o testemunho de "Vira Mundo". Durante toda a sexta-feira, ele colheu mais cinco depoimentos sobre o crime da lagoa. Pela manhã, dirigiu-se à Lagoa dos Barros para ouvir o pescador Nilo Dias, que havia encontrado as marcas de pneus que ajudaram a definir o local onde estava o corpo, e a moradora Cândida Borba, que teria ouvido um tiro naquela madrugada. Seu depoimento atrapalharia a versão policial, de que tanto o tiro em Maria Luiza quanto a tentativa ou simulação de suicídio de Heinz teriam acontecido em Porto Alegre.

Na conversa, Gadret sugeriu que, em lugar do tiro, Cândida poderia ter escutado uma batida da porta do automóvel. Ela relutou. O delegado resolveu fazer o teste. Pediu que um de seus agentes disparasse um tiro e, logo depois, batesse a porta do automóvel. Para alívio do delegado, ela admitiu que não tinha mais certeza se o que ouviu na madrugada do crime foi efetivamente um disparo de revólver ou uma porta batendo.

As informações mais interessantes foram fornecidas à tarde pelo funcionário do posto de gasolina Arlindo Mota e pelo pescador Augusto da Silva. O frentista assegurou que não havia ninguém junto com Heinz Schmeling no Ford V8, tanto na ida para o litoral quanto na vinda. Gadret concluiu que Heinz Schmeling já havia escondido o cadáver de Maria Luiza no assoalho do automóvel quando se dirigia à Lagoa dos Barros. Essa suspeita é reforçada pelo comportamento estranho do rapaz, revelado por Arlindo Mota quando do primeiro abastecimento.

O pescador Augusto relatou o momento em que Heinz tentou retornar à chácara da Rua Jacuí, quando desmaiou e, após, seguiu adiante. Com base no depoimento, Gadret acredita que isso ocorreu depois de tentar ou simular o suicídio, e que Heinz não teve coragem para apresentar-se à família.

Ele também tomou a termo o depoimento de um guardador de automóveis que viu o casal sair do baile, o que não colabora para a versão policial de que ele a teria obrigado a deixar a festa.

Após os interrogatórios, Gadret elaborou uma ampla justificativa para embasar o pedido de prisão preventiva de Heinz Schmeling, relacionando todos os indícios colhidos pela investigação de campo e corroborados pela Polícia Técnica. Deixou a solicitação pronta para enviá-la à Justiça na segunda-feira. Finalmente, ele está pronto para ir para casa, onde pretende usufruir de um longo sono reparador.

No caminho, no entanto, volta à sua mente a questão incômoda: por que Heinz Schmeling não confessa?

*

Paulo Koetz está cansado para uma noitada, mesmo que seja sexta-feira, dia de se atirar nos bares e cabarés. Ao descer do bonde Santana, enxerga de longe as luzes do Cine Avenida anunciando os últimos dias de exibição de *Rebecca – A Mulher Inesquecível*. Koetz lembra do advogado Waldyr Borges: "veja o filme e entenderá o caso". Olha o relógio. Passam das nove e meia.

Quando ingressa na ampla e confortável sala do Avenida, o *Cinejornal Brasil* está terminando. Com a ajuda do lanterninha, consegue lugar em uma das primeiras filas, pois o cinema se encontra quase lotado. Após os créditos iniciais, surgem imagens sombrias das ruínas de Manderlay, a exuberante mansão onde a trama vai se desenrolar.

Na cena seguinte, Laurence Olivier, no papel do aristocrata inglês Maxim de Winter, encontra-se perigosamente no limite de um precipício profundo com os olhos fixados na dança furiosa das águas entre os rochedos. A câmera mostra os pés de Maxim ensaiando um passo que o levaria à queda.

Ouve-se uma voz de mulher.

Jovem – "Não! Pare!"

Ele volta-se para a direita e enxerga Joan Fontaine no papel de uma moça, cujo nome não será pronunciado durante todo o filme.

Maxim – "Que diabo você está gritando?"

Ela vai até ele.

Maxim – "Quem é você? O que você está olhando?"

Jovem: – "Sinto muito. Eu não queria olhar, mas eu só pensei que..."

Ali, começa a tensa história de amor entre o milionário Maxim e a jovem dama de companhia de uma rica viúva, todos hospedados em um luxuoso hotel de Monte Carlo. Desde a cena inicial, Maxim surge aos olhos do espectador como um sujeito atormentado por algo de seu misterioso passado. A bela e simplória personagem de Joan Fontaine aparece como possibilidade da segunda chance.

Em poucos dias, os dois casam e vão morar em Manderlay, a faustosa mansão do noivo. Lá, a jovem será obrigada a conviver com a lembrança onipresente de Rebecca, a primeira esposa de Maxim, falecida há pouco tempo. Embora Maxim a trate com carinho e devoção, ela constata que ele guarda um segredo impenetrável que a coloca em permanente inquietação. Ao mesmo tempo, é torturada por Miss Danvers, a governanta obcecada pela sofisticação da antiga patroa.

A trama adquire consistência e dramaticidade quando é descoberto um barco naufragado no rio próximo a Manderlay, com um cadáver de mulher em seu interior. As investigações indicam que os furos no casco da embarcação foram feitos de forma proposital. As suspeitas recaem sobre Maxim.

Acossado pela Justiça e não conseguindo mais guardar segredo, Maxim resolve contar a verdade à esposa. Revela que nunca teve momentos de felicidade com Rebecca e começa a narrar seus infortúnios conjugais.

Maxim – "Lembra quando nos encontramos naquele precipício em Monte Carlo? Bem, eu fui lá com Rebecca na nossa lua de mel. Foi onde ela me contou suas traições, rindo, com seu cabelo preto soprando ao vento. Eu queria matá-la. Teria sido tão fácil. Lembra-se do precipício?"

Ele conta que Rebecca propôs um trato para manter um casamento de aparências, em honra da família. Diz que nunca deveria ter aceito, mas decidiu sacrificar tudo para evitar um divórcio no tribunal.

Maxim – "Você me despreza, não é?"

Jovem – "Não, não".

Maxim conta que manteve a combinação por algum tempo, mas Rebecca começou a levar seus amantes a Manderlay. Uma noite, ele a encontrou após regressar de Londres.

Maxim – "Ela parecia doente, estranha. De repente, ela levantou-se, começou a caminhar em minha direção. Disse que estava esperando um filho e que ninguém jamais poderia provar que não era meu. Então ela começou a rir e dizia. 'Eu serei a mãe perfeita, assim como eu fui a esposa perfeita. Ninguém nunca vai saber. Deveria dar-lhe a emoção de sua vida, Max, ver o meu filho crescer dia a dia e saber que, quando você morrer, Manderlay será dele'. Ela estava cara a cara comigo, com uma mão em seu bolso e a outra segurando um cigarro. Ela estava sorrindo. 'Bem, Max, o que você vai fazer sobre isso? Você não vai me matar?'"

Diferentemente de outros filmes, nos quais as revelações aparecem em flashback, em *Rebecca* toda a cena é narrada por Maxim. A jovem esposa começa a se assustar. Enquanto fala, Maxim caminha em direção a uma porta lateral.

Maxim – "Acho que eu fui louco por um momento. Devo ter batido nela. Ela ficou olhando para mim. Parecia quase triunfante. Então ela começou a vir em minha direção, sorrindo. De repente, ela tropeçou e caiu."

Um movimento brusco de câmera deixa o rosto de Maxim e mostra uma âncora de ferro no chão da peça contígua. A trilha sonora sublinha a dramaticidade da cena.

Maxim – "Ela bateu a cabeça em uma peça de equipamento do navio. Lembro-me de ter pensado por que ela ainda estava sorrindo. Então, constatei que ela estava morta."

Jovem – "Mas você não a matou! Foi um acidente!"

Maxim - "Quem iria acreditar em mim? Eu perdi minha cabeça. Eu só sabia que tinha que fazer alguma coisa. Levei-a para o barco. Estava muito escuro. Não havia lua. Eu coloquei seu corpo na cabine. Quando o barco parecia estar a uma distância segura da costa, apanhei uma pá e comecei a furar o casco. Eu tinha aberto as válvulas de fundo, e a água começou a subir. Depois, entrei no bote auxiliar e me afastei. Da margem, vi o barco afundar."

Jovem - "Maxim, alguém mais sabe disso?"

Maxim - "Não, ninguém, exceto você e eu."

Jovem - "Pode dizer que é uma desconhecida?"

Maxim - "Não, eles fatalmente vão conhecê-la pelos anéis e pulseiras que ela sempre usava. Eles vão identificar seu corpo, em seguida, eles vão se lembrar da outra mulher, sepultada na cripta em lugar dela."

Jovem - "Você deve simplesmente dizer que você cometeu um erro, que estava doente, você não sabia o que estava fazendo."

As palavras do filme reverberam na cabeça de Paulo Koetz. "Foi um erro. Não sabia o que estava fazendo". Como Heinz Schmeling no leito hospitalar!

Maxim - "Rebecca está morta."

Jovem - "Rebecca está morta. Ela não pode falar. Ela não pode dar testemunho. Ela não pode prejudicá-lo mais. Nós somos as únicas duas pessoas no mundo que sabem."

Maxim - "Você e eu. Eu amei você, minha querida. Eu sempre te amarei. Mas eu sabia o tempo todo que Rebecca iria ganhar no final."

Jovem - "Não, não, ela não ganhou. Não importa o que aconteça, ela não ganhou!"

O filme se resolve com o truque *Deus ex machina*. Um médico revela que Rebecca estaria sofrendo de câncer, o que comprovaria que ela própria teria furado o casco do barco para se suicidar. Maxim é inocentado e todos ficam satisfeitos, menos *Miss* Danvers, que, inconformada, põe fogo em Manderlay.

Paulo Koetz deixa o cinema perto da meia-noite. Do Avenida até seu apartamento, em uma travessa da Rua Santana, são apenas algumas quadras. Ele acende um cigarro e segue pela calçada úmida da Avenida Venâncio Aires com a voz vigorosa e amargurada de Laurence Olivier falando por Heinz Schmeling, sozinho, com o cadáver de Maria Luiza a seu lado numa noite de cerração clara e triste como esta. "Quem iria acreditar em mim? Eu perdi minha cabeça. Eu só sabia que tinha que fazer alguma coisa." Em seguida, Joan Fontaine diz uma grande verdade. "Rebecca está morta. Ela não pode falar. Ela não pode dar testemunho." Maria Luiza não pode dar seu testemunho. Apenas Heinz sabe o que aconteceu. Tudo o que se diga, se escreva ou se julgue, nada se aproximará da verdade que só Heinz conhece.

Foi uma semana dura. Koetz considera a possibilidade de beber uma última cerveja antes de dormir.

1942

QUINTA-FEIRA, 17 DE DEZEMBRO DE 1942

Waldyr Borges começa o dia mais importante da sua vida diante do espelho do guarda-roupa de seu apartamento, no início da Rua Cristóvão Colombo. Por duas horas, ensaia gestos, entonações, pausas e frases de efeito, essenciais para a performance da tarde. Deve se mostrar seguro, sem que isso signifique arrogância; exibir convicção, evitando escorregar na soberba, e se portar com firmeza, cuidando para não parecer insensível, especialmente quando se referir a Maria Luiza Häussler. A ironia é uma arma a ser usada com parcimônia, para não passar do tom e soar como deboche.

Perto das dez e meia da manhã, Waldyr veste o terno cinza de linho confeccionado sob medida na alfaiataria da Renner, que ele combina com camisa branca e uma gravata com listas diagonais em tons de azul e branco, também aquiridas especialmente para a ocasião. No cabelo, aplica uma dosagem de gomalina suficiente para preservar o penteado durante todo o julgamento, que deve se estender até altas horas da noite.

Em vez de chamar um auto de praça, Waldyr decide ir caminhando até o escritório, a dois quilômetros de sua casa. Sobe a Rua Barros Cassal até o topo e, ao dobrar à direita na Avenida Independência, é atingido nas costas pelos primeiros raios de sol do verão antecipado, que o esquentarão durante todo o trajeto.

Carrega consigo uma pasta de couro com todo o arsenal que pretende utilizar no embate - anotações, recortes de jornais, transcrições de trechos do processo, fotografias e alguns livros de criminalística, com marcadores nas passagens que poderão lhe ser úteis.

Aos 27 anos, Waldyr Borges debuta no Tribunal do Júri como um *dark horse*, um cavalo azarão em quem ninguém aposta de sã consciência. Por outro lado, encontra-se na situação que qualquer advogado criminalista invejaria: um rumoroso crime de morte envolvendo dois jovens da alta sociedade que mobiliza as emoções e os nervos de toda a cidade. É um momento único, daqueles destinados a construir ou desmontar reputações. Ele atua no caso desde o início, quando a família de Heinz Schmeling contratou o escritório do português Heitor Pires. Naqueles dias, Pires se encontrava atarefado em uma delicada questão trabalhista no âmbito do Sindicato dos Panificadores e escalou seu mais jovem funcionário para os acompanhamentos iniciais. O desempenho de Waldyr Borges impressionou os colegas e cativou a família do acusado. Assim, como prêmio, foi designado para atuar no julgamento na condição de advogado titular, responsável pela sustentação oral da tese da defesa.

A tarefa é difícil - para alguns, impossível. Mesmo que não exista a confissão, nem provas contundentes e definitivas contra seu cliente, Waldyr sabe que a impressão é maior do que o objeto. Passados dois anos da madrugada de 18 de agosto de 1940, ainda persiste um clamor instalado na população contra o réu. Heinz Schmeling foi indiciado pelo delegado Armando Gadret por homicídio qualificado, rapto e tentativa de estupro contra Maria Luiza, com agravantes de surpresa, traição, superioridade de sexo - homem contra mulher -, uso de arma de fogo e ofensa moral à família da vítima.

No âmbito da Justiça, o processo sofreu duas reviravoltas. No dia 18 de janeiro de 1941, o desembargador Nei Wiedmann, juiz de Direito da 5ª Vara, apresentou a denúncia contra Heinz, mas, ante o arrazoado da defesa, reconheceu apenas o crime de homicídio voluntário e excluiu todos os agravantes. No entanto, quatro meses depois, a 1ª Câmara Criminal acolheu a apelação formulada pelo promotor Luiz Lopes Palmeiro e recolocou na ação todas as acusações e agravantes que constavam no inquérito policial. Assim, Heinz Schmeling pode terminar o dia condenado a 32 anos de prisão.

Waldyr Borges alcança a Rua da Praia a partir da Praça da Caridade e desce rumo ao coração da cidade. A proximidade do Natal atrai legiões de mulheres, que pulam de loja em loja, memorizam ofertas e preços e seguem adiante para fazer as necessárias comparações. A algaravia possui um tom festivo, bem diferente de quatro meses atrás, quando uma turba ensandecida saiu às ruas para protestar contra o afundamento de 28 navios brasileiros por submarinos alemães e, ao menor gesto impensado de alguém, cidadãos pacatos se transformaram em vândalos, destruindo tudo o que tivesse origem ou sobrenome alemão. Waldyr lembra que o ataque à Casa Lyra, especializada em perfumes, deixou a Rua da Praia dominada por fragrâncias sofisticadas por vários dias.

Tudo se normalizou. A Rua da Praia voltou a ser pacífica, e a preocupação das pessoas é apenas encontrar presentes. Por ironia, as lojas de nomes alemães continuam sendo as mais procuradas: a Krahe, a Sloper, o Bromberg, a Confeitaria Schramm e a própria Casa Lyra.

*

Mister Arthur Haybittle começa o dia tão aguardado pela família como se fosse outro qualquer. Após tomar chá com leite e pão de forma com geleia, ele beija a testa da esposa Erika e transporta o enteado Ernesto Adolpho até o ginásio do Instituto Porto Alegre, a poucas quadras da nova casa da família. Dali ruma para o Centro, onde pretende aproveitar o expediente da manhã para solucionar todas as pendências do dia, pois, à tarde, deverá subir a Rua General Câmara até o Tribunal de Justiça, onde assistirá ao julgamento de Heinz Schmeling.

Nesses pouco mais de dois anos que se passaram desde o crime, Haybittle procurou preservar um equilíbrio familiar, ainda que precário.

Tomou a providência drástica de vender a casa confortável na Pedra Redonda, repleta de lembranças de Maria Luiza, mudando-se para uma vasta área nos altos da Rua Lucas de Oliveira, onde construiu uma mansão em estilo colonial inglês. O gato Huckey foi mandado para a casa de parentes. Praticamente não se fala em Lisinka, mas sua ausência se faz presente no cotidiano da família, em alguns porta-retratos na sala de estar e nas recordações de cada um. De menino esperto e brincalhão, Ernesto tornou-se um adolescente ensimesmado, que quase não fala e pouco sorri. Mesmo o pequeno Edward, agora com cinco anos, de tempos em tempos, aponta as fotografias de Maria Luiza e obriga a mãe a falar sobre ela.

Os advogados de acusação sugeriram com alguma insistência que Erika Dörken estivesse no julgamento. A presença de uma mãe que perdeu a filha poderia ter um efeito emocional decisivo, caso a defesa consiga incutir dúvidas entre os jurados. Arthur Haybittle, no entanto, entendeu que seria insuportavelmente penoso para ela. Além da perda, Erika ainda sofre a dor da culpa. "E se eu tivesse agido de forma diferente?" é a frase recorrente que soa como se ela estivesse açoitando as próprias costas. Ele a conforta, repetindo, com olhar consternado, variadas frases com a palavra fatalidade.

Arthur acredita que rever Heinz, ouvir detalhes sórdidos do crime ou alguma palavra dura pronunciada pela defesa que possa, de alguma forma, afetar a memória da filha, significaria para Erika perpetuar-se no pesadelo do qual faz de tudo para resgatá-la. Assim, caberá a ele representar a família no julgamento. No fundo, sabe que a condenação quase certa de Heinz pode representar um alívio, mas não irá restaurar a paz de espírito de Erika, pois ela continuará eternamente ré no tribunal de sua própria consciência.

O próprio Haybittle, apesar de ser um homem reservado, de pouca conversa mesmo em família, sente falta da vivacidade da enteada, da cumplicidade entre os dois – ela comentando hábitos peculiares da família em inglês para que os outros não entendam. Por vezes, atrapalhava-se no ordenamento das frases e ela mesma desandava a rir. Sem Lisinka, um vazio dolorido está definitivamente instalado nas vidas de todos.

Arthur contorna a Praça da Matriz, onde existe uma grande movimentação de populares ao redor do Tribunal de Justiça, que se esparrama até o outro lado da rua, pela calçada do Theatro São Pedro, prédio exatamente igual à sede do Foro. Com alguma dificuldade, ele consegue desviar da multidão, descer a ladeira íngreme da Rua General Câmara e estacionar o Standard Flying a poucos metros do British Bank.

*

Cada vez que Paulo Koetz se reencontra com o chamado "Crime da Lagoa", ele lembra do *Hôtel du Nord* e suas simbologias. Desde lá, as coisas mudaram. A França foi ocupada pelos nazistas ao final de 1940, contrariando as expectativas do diretor Marcel Carné, o que Koetz desagravou com porres monumentais. Felizmente, com o ingresso dos Estados Unidos e da União Soviética na guerra, *le jour de gloire est arrivé*.

Koetz mantém-se fiel à sua tese sobre o caso, influenciada pelo filme. Heinz e Maria Luiza saíram abraçados do baile, portanto, tudo o que aconteceu provavelmente tenha sido decidido em comum acordo. Como Pierre no filme, Heinz alvejou a namorada, mas sua tentativa de suicídio falhou em algum momento e ele não teve coragem de repeti-la.

Tudo isso será definido nesta tarde – não propriamente a verdade, mas o que os jurados entenderem por verdade. Koetz conseguiu lugar na bancada da imprensa no canto mais próximo à mesa que dirige os trabalhos, onde tem uma visão privilegiada de todos os ângulos. Vê o desembargador Coriolano Albuquerque tomar assento na cadeira mais alta da sala de julgamentos do Tribunal de Justiça, onde parece diminuir de tamanho. O magistrado impa os óculos redondos de aro preto e enxerga diante dele o caos. A guarda do Foro tem dificuldade de conter a turba que, aos gritos, briga fisicamente para ingressar no recinto, já superlotado. Alguns populares conseguem burlar a segurança e se postam de pé, junto às paredes.

Albuquerque saúda com discretos movimentos o grande número de advogados, juízes, promotores e serventuários da Justiça, que se misturam a estudantes de Direito e familiares das partes envolvidas. Ele proibira as três principais estações de rádio - Gaúcha, Farroupilha e Difusora - de transmitirem ao vivo da sala de julgamentos, mas autorizou que elas instalassem seus equipamentos no hall de entrada do tribunal.

Um de seus auxiliares aproxima-se, aflito, e lhe expõe uma situação *sui generis*. Muitas das pessoas relacionadas na lista de onde sairão os jurados não conseguem se aproximar da sala devido a uma intransponível barreira humana de curiosos que se instalou diante do prédio e já avança através do saguão.

- Se não tivermos o número legal para o sorteio dos jurados, será impossível realizar o julgamento - alerta o auxiliar.

Na condição de diretor do Foro, o juiz Coriolano ordena:

- Então, convoque os oficiais de Justiça de todas as varas que estejam disponíveis. Que eles saiam pela porta lateral e percorram os arredores do edifício para trazer os jurados que não conseguiram entrar. Se for preciso, requisite forças policiais.

Em um bloco pousado em seu colo, Koetz anota as providências solicitadas pelo desembargador. Na plateia, consegue avistar Frida e Hans Freiherr na primeira fila. Logo atrás, estão Eithel Fritz e Gert Joachim Schmeling. No lado oposto, enxerga Arthur Haybittle e Cristiano Nygaard.

No fundo da sala, avista um grupo de policiais, no qual distingue sua fonte, o inspetor Hilton Cabral, e o editor da *Vida Policial* e repórter do *Diário de Notícias*, Ernesto Neumann. Estranha a ausência do delegado Gadret, um dos principais protagonistas do caso.

Desde a pronúncia de Heinz Schmeling como assassino de Maria Luiza Häussler, o "Crime da Lagoa" foi sumindo dos noticiários, mas se manteve na memória coletiva. Quando o julgamento foi marcado, algumas semanas atrás, Paulo Koetz tentou voltar ao caso do ponto de vista jornalístico. Averiguou que Heinz cumpre prisão preventiva na Cadeia do Gasômetro, excluindo um período de três meses em que esteve internado no manicômio judiciário.

Nas últimas semanas, Koetz buscou contato com as respectivas famílias, mas ninguém se dispôs a conversar. Tentou também entrevistar o advogado Waldyr Borges, mas ouviu dele que o momento não era interessante para a defesa se pronunciar sobre o caso. Assim, ele só conseguiu noticiar no *Correio do Povo* que o julgamento ocorreria nesta terça-feira, com uma breve rememoração dos fatos, tentando manter uma prudente equidistância entre as versões.

O repórter já tem as informações sobre os principais atores do espetáculo vespertino. O titular da 5ª Vara e diretor do Foro, desembargador Coriolano Albuquerque, tem cerca de 50 anos e, antes de chegar a Porto Alegre, atuou como Juiz de Direito em Santo Antônio da Patrulha, Taquara, Viamão e Cachoeira do Sul. O promotor Luiz Lopes Palmeiro estreia no Tribunal de Júri da Capital, após uma brilhante trajetória no Foro de Uruguaiana. Ao lado dele, estará o advogado Daniel Krieger, contratado pela família de Maria Luiza. Pela defesa, o jovem Waldyr Borges faz seu *début* em julgamentos e terá o respaldo de um experiente advogado, o ex-promotor público Poty Medeiros.

Enquanto o julgamento não começa, Koetz vai até Waldyr Borges.

– Qual é a estratégia, doutor Borges?

– Surpresa. Mas prepare-se que vai sobrar pra vocês.

– A imprensa é a vilã?

– A vilã é outra – o advogado sorri. – A imprensa é apenas amiga da vilã.

A conversa é interrompida por um rumor uníssono que toma conta do recinto. Por uma porta lateral, Heinz Schmeling é introduzido na sala. Veste um terno cinza e camisa branca, sem gravata, e parece mais magro, o que cria a ilusão de que tenha aumentado de tamanho. Koetz acompanha o trajeto de Heinz até o banco dos réus, de cabeça baixa, evitando olhar diretamente para o público. Alguns lhe dirigem impropérios, que o juiz Coriolano reprime acionando sua campainha estridente. Heinz lança um lento olhar panorâmico pela sala até pousar os olhos no rosto de sua mãe, que lhe oferece um sorriso compungido.

*

Arthur Haybittle e Cristiano Nygaard estiveram na Guerra de 1914, o inglês como piloto da aviação inglesa, e Nygaard, seu concunhado, na condição de soldado do exército alemão, embora tenha nascido no Brasil e a origem de sua família seja norueguesa. Ele estudava na Alemanha quando eclodiu o conflito e, na ânsia juvenil por aventura, resolveu se alistar para acompanhar seus colegas germânicos. Logo em sua primeira ação, foi capturado pelos franceses e só seria libertado ao final da guerra.

Assim, a relação entre os dois é temperada por provocações mútuas e ironias que a família julga um tanto ácidas. Arthur trata o concunhado pelos nomes dos dirigentes nazistas, conforme a situação. Se Cristiano demonstra esperteza, é "Goebbels"; quando é operante, "Himmler". Se Arthur quer ofendê-lo, "Goering". Em resposta, Nygaard o chama pela denominação pejorativa de *engläder*. Mas nada impede o invariável programa dominical de passarem a tarde jogando bridge com as respectivas esposas, as irmãs Erika e Irma.

O ingresso dos americanos na guerra, há cerca de um ano, provocou uma reviravolta que tirou a Inglaterra do foco bélico. Os alemães redirecionaram o rumo de seu imperialismo para a Rússia, onde, neste final de 1942, a mais de 20 graus abaixo de zero, sofrem um cerco implacável do exército soviético. Adolf Hitler começa a perder sua guerra no rigor do inverno russo, exatamente como ocorreu com Napoleão, 130 anos atrás.

Para Arthur Haybittle e Cristiano Nygaard, a reviravolta produziu efeitos opostos. A Inglaterra recupera sua normalidade, e o British Bank retoma suas operações regulares. Por uma ironia do destino, as maiores demandas a *mister* Arthur têm sido pedidos de socorro das empresas teuto-brasileiras depredadas durante os dramáticos acontecimentos de agosto, quando uma multidão furiosa saiu em passeata pelo Centro de Porto Alegre, destroçando todos os estabelecimentos de nomes alemães. Logo a seguir, Getúlio Vargas anunciou o "estado de beligerância" contra os países do eixo, Alemanha, Itália e Japão.

Para o cotidiano dos alemães e descendentes, a declaração de guerra teve um efeito drástico. O ensino do idioma foi proibido, dezenas de pessoas foram extraditadas por suspeita de espionagem e várias entidades e instituições tiveram que trocar de nome. O Hospital Alemão tornou-se Hospital Moinhos de Vento. O Turnerbund virou Sogipa. O Knabenschule des Deutschen Hilfsvereins passou a se chamar Colégio Farroupilha. O próprio Cristiano Nygaard perdeu a condição de fornecedor de papel importado para a impressão do *Correio do Povo*, quando sua condição de combatente da guerra de 1914 pela Alemanha foi "denunciada" por um concorrente.

Nesta terça-feira, os dois estão sentados na primeira fila da sala de julgamentos do foro, representando a família de Maria Luiza. Quando Heinz Schmeling é introduzido no recinto, Haybittle leva uma cotovelada no braço.

– Olha só o tipo. Que desfaçatez! – comenta Cristiano.

O inglês enxerga um rapaz diferente do que conhecia. Não é mais o jovem expansivo e autossuficiente que namorava sua enteada, nem parece ser o assassino frio e calculista, como se tornou sua imagem pública. O Heinz que caminha a passos lentos pela sala de julgamentos é uma figura opaca, distante e inexpressiva, que desestimula até as manifestações de protesto que partem de alguns nichos da plateia e logo silenciam.

*

Passada a hora marcada para o início dos trabalhos, o desembargador Coriolano Albuquerque é informado de que, finalmente, todos os jurados já se encontram na antessala e que os papéis com seus nomes já estão colocados na urna. Como de praxe, solicita que um menino escolhi-

"Neste momento, damos início ao julgamento do réu Heinz Werner João Schmeling, aqui presente."

do aleatoriamente na plateia retire as cédulas. Dos sete primeiros nomes sorteados, apenas o do empreiteiro Américo Tellini é confirmado. Os demais são impugnados, quase todos pela defesa, em sua estratégia de não aceitar entre os jurados mulheres e pessoas de sobrenome alemão, prevenindo-se de qualquer possibilidade de condicionamento contra o réu.

Esgotado o limite de vetos, Paulo Koetz vai anotando os nomes dos demais jurados que vão aparecendo. Clóvis Simch Pacheco de Assis, Pio Pinto Torelly, Adalberto Osmar Hoerlle, Salustio Maciel, Cândido Machado Carrion e Paulo Pook Corrêa. Alguns nomes lhe são conhecidos. Assis, Hoerlle, Maciel e Pio Torelly são advogados, sendo que o último, com certeza, é parente do jornalista Aparício Torelly, crítico ácido e irreverente do Estado Novo, sob o pseudônimo de Barão de Itararé. Carrion vem de uma tradicional família de Passo Fundo, enquanto Paulo Corrêa deve ser ligado à tradicional fábrica de charutos Pook, de Rio Grande.

O juiz Coriolano pede a presença dos escolhidos e certifica-se de que tudo está normalizado para o início do julgamento propriamente dito. Koetz confere no relógio. São exatamente duas e meia da tarde quando o desembargador aciona a campainha três vezes, para que se instale o silêncio.

– Senhoras e senhores. Neste momento, damos início ao julgamento do réu Heinz Werner João Schmeling, aqui presente, pronunciado como responsável pela morte de Maria Luiza Häussler na madrugada de 18 de agosto de 1940.

Faz, então, um relato sucinto do caso. Koetz repara que ele evita entrar em maiores considerações que possam soar aos ouvidos do júri como demonstração de parcialidade. Na sequência, inaugura o período de oitiva das testemunhas relacionadas pelas partes, passando a palavra à acusação.

– Solicito a presença do senhor Arlindo Pinto da Mota – anuncia o promotor Luiz Lopes Palmeiro.

O funcionário do posto de gasolina aparece por uma das portas laterais da sala de julgamentos. Veste sua melhor muda de roupas, o que não quer dizer muita coisa, e é conduzido até o banco das testemunhas. Antes de sentar-se, é instado pelo meirinho:

– Por favor, erga a mão direita. Jura dizer a verdade, somente a verdade, nada mais do que a verdade?

– Juro.

Arlindo senta-se e olha ao redor com visível deslumbramento. Koetz percebe que, ao pôr os olhos em Heinz Schmeling, o frentista sente um leve nervosismo. Daniel Krieger vai até ele.

– Senhor Arlindo, há quanto tempo o senhor trabalha no posto de gasolina do Passo da Mangueira?

– Dez anos, mais ou menos.

– Gostaríamos que o senhor lembrasse o que aconteceu na madrugada de 18 de agosto de 1940.

– Por volta das quatro e meia, apareceu o seu Heinz dirigindo o Ford V8...

– Trata-se do réu aqui presente?

– Sim.

– Sozinho?

– Sozinho. Quando o auto passou na frente do escritório, não vi mais ninguém dentro. Ele seguiu e estacionou bem adiante das bombas e veio em minha direção. Achei esquisito.

- Esquisito por quê?

- Bom, o normal é que o motorista encoste perto das bombas, fique dentro do auto, me alcance a chave, eu abasteço, devolvo a chave, ele me dá o dinheiro. Se tiver troco, eu vou buscar e devolvo pra ele.

- É o que todos fazem?

- Ainda mais quando tá frio, ninguém quer sair do auto. E aquela noite tava muito frio, até meio chuvosa.

- Prossiga, por favor.

- Eu pedi que ele desse marcha à ré para aproximar o carro das bombas, mas ele não quis. Tive que abastecer com a mangueira esticada. Na primeira vez, ela escapou e tive que encaixar de novo.

- Por que o senhor acha que ele agiu assim?

- Não tenho ideia.

- Talvez quisesse esconder alguma coisa do senhor?

- Protesto - intervém Waldyr Borges. - O advogado está induzindo a testemunha.

- Mantido.

- Reformulo a pergunta. Nesta hora, o senhor não via ninguém dentro do auto?

- Não.

- Digamos que houvesse alguma coisa no assoalho traseiro do veículo, o senhor teria como enxergar?

- Não. Eu nunca cheguei tão perto que pudesse enxergar o chão do auto.

- Um corpo, talvez?

- Protesto, meritíssimo - Waldyr Borges ergue-se da cadeira. - Outra vez, meu colega tenta sugestionar a testemunha.

- Mantido! Por favor, senhor Arlindo, continue seu relato.

- Terminei o serviço e ele veio atrás de mim com o dinheiro. Pegou o troco e foi embora.

- Sem mais perguntas - finaliza Krieger.

- A testemunha pode ser inquirida pela defesa - anuncia o juiz.

Paulo Koetz considera que a acusação conseguiu o que queria: sublinhar o comportamento suspeito de Heinz no posto de gasolina. Aparentemente imperturbável, Waldyr Borges vai até o frentista.

- Senhor Arlindo, a que horas iniciou o seu plantão naquela madrugada?

- À meia-noite, de sábado para domingo.

- O senhor diria que foi um plantão movimentado ou tranquilo?

- Foi bem sossegado. Antes do V8, eu só tinha abastecido três autos.

- Por favor, diga para nós o que o senhor costuma fazer num plantão como esse, quase sem freguesia. Como o senhor passa o tempo?

Arlindo pensa um pouco.

- Eu leio jornal, escuto rádio...

- Às vezes, cochila?

- Protesto!

- Negado.

- O senhor estava sentado numa cadeira, talvez enrolado no cobertor, o rádio tocando uma música suave. É difícil não cochilar numa noite como aquela, fria e sem movimento.

Koetz observa as reações dos advogados de acusação. Sem dúvida, Borges está conseguindo desestabilizar a testemunha.

- O senhor tem como afirmar com segurança que não estava cochilando quando o V8 se aproximou? Lembre que o senhor está sob juramento.

- Jurar, eu não posso. Poderia estar cochilando, mas é só chegar um auto que eu acordo com o barulho do pneu na brita. Quando o V8 passou na frente do escritório, eu estava bem acordado, isso posso lhe garantir.

- Era uma noite com cerração e chuvisqueiro, como o senhor referiu há pouco. É provável que os vidros do escritório estivessem embaçados, assim como os do automóvel, mas ainda assim o senhor assegura que não havia ninguém com o acusado.

- Não vi ninguém.

Waldyr Borges vai até o júri, com o dedo indicador para cima. Conversa com Arlindo, mas olha para cada jurado.

- Isso é importante. Em juízo, o senhor disse que não havia nenhuma pessoa além de Heinz Schmeling no auto. Agora, o senhor diz que não viu ninguém. Há uma diferença, o senhor não concorda?

- Se eu não vi, é que não havia.

Waldyr Borges exibe um sorriso irônico.

- Não é a mesma coisa, mas vamos continuar. O senhor caminhou até o V8 com a mangueira. No caminho, não viu ninguém no auto.

- Ninguém.

Waldyr Borges caminha até sua mesa, abre a pasta e de lá retira duas fotografias ampliadas. Mostra a primeira à testemunha e, após, atravessa o salão para exibi-la demoradamente a cada jurado.

- Quero que os senhores prestem atenção - diz aos jurados. Depois, dirige-se à testemunha. - Senhor Arlindo, essa é a fotografia da traseira de um Ford V8 1939, igual ao que Heinz pilotava naquela noite, confere?

- Sim.

- Portanto, esta é a visão que o senhor tinha quando se aproximou do auto para providenciar o abastecimento. Como vemos, o vidro traseiro é pequeno, dividido em duas partes. Cada uma não tem mais de 40 centímetros de largura por 20 de altura. Evidentemente, não permite que se tenha uma visão integral de dentro do veículo, o senhor não concorda?

Arlindo fica indeciso.

- Sim ou não?

- Desta posição, não.

Waldyr Borges apresenta a outra fotografia à testemunha e aos jurados.

- Esta outra fotografia mostra a lateral do V8. Prestem atenção que a boca do tanque de gasolina fica no para-lamas traseiro, quase à altura da roda. Para abastecer, o senhor Arlindo teria que estar agachado. Nesta posição, não teria ângulo para enxergar o interior do veículo, especialmente em uma noite chuvosa, e levando em conta que ele necessitava das duas mãos, já que a mangueira estava esticada até o limite. Estou certo, senhor Arlindo?

– Acho que sim – balbucia a testemunha.

Waldyr olha para ele com uma expressão de forçada condescendência.

– Senhor Arlindo, sou obrigado a concluir, eu e todos os presentes, que o senhor se precipitou ao jurar que não havia ninguém no auto.

O funcionário do posto se mantém com a cabeça baixa.

– Não vi ninguém.

– Cada vez que aparece um automóvel, o senhor costuma bisbilhotar, quero dizer, olhar para dentro do auto por curiosidade?

– Protesto, meritíssimo.

– Negado.

– Se chega um rapaz, o senhor tem curiosidade para saber se há alguma moça com ele? O senhor fica imaginando o que os dois vão fazer ou já fizeram?

– Protesto. A defesa está desrespeitando a testemunha.

– Doutor Borges, aonde o senhor pretende chegar com esta indagação?

– Quero dizer que Heinz Schmeling estacionou o auto longe do escritório para não expor Maria Luiza devido a este tipo de curiosidade.

– Ela não estava se escondendo! – grita o advogado de acusação. – Estava morta!

– Doutor Krieger, controle-se – ordena o juiz. – Não irei tolerar este tipo de conduta. Por favor, doutor Borges, conclua o seu interrogatório.

– Senhor Arlindo, o senhor é um homem simples, um trabalhador. Então, lhe pergunto: o senhor já havia aparecido nos jornais anteriormente?

– Não.

– Mas o senhor gostou de aparecer como testemunha-chave de um caso tão rumoroso, seus colegas devem ter lhe invejado.

– Protesto!

- Mantido.

- Uma última pergunta. Logo após o crime, o senhor foi procurado tanto por jornalistas quanto pela Polícia. Quem o procurou antes: a Polícia ou os jornalistas?

- A Polícia.

- Sem mais perguntas, meritíssimo.

Um silêncio acompanha o advogado até sua poltrona. Sem dúvida, ele neutralizou o jogo.

- A acusação teria mais alguma testemunha? - pergunta o juiz.

*

Quando o diretor do Instituto de Perícias, José Lubianca, ingressa na sala de julgamentos, Waldyr Borges já sabe que a disputa em torno do seu depoimento poderá ser decisiva. Durante várias semanas, ele se trancou na biblioteca da Faculdade de Direito e leu todos os livros e revistas técnicos que conseguiu. Ainda assim, sabe que estará caminhando em campo minado diante do notório saber do perito policial.

- Doutor Lubianca - pergunta Daniel Krieger -, como foram realizados os testes para apurar se havia pólvora nas mãos de Heinz Schmeling e Maria Luiza Häussler?

- Utilizamos a técnica de Benitez, que tem sido a mais recomendada. Tomamos a parafina em bloco e aquecemos até que ela atinja o estado líquido. Em seguida, deixa-se esfriar para que alcance o estado semipastoso. A seguir, vertemos a parafina sobre a região anatômica limitada pela borda externa da face anterior do dedo indicador em toda a região da falange, até aproximadamente a borda interna da tabaqueira anatômica, região dos espaços interósseos, região metacarpiana correspondente ao dedo polegar e à borda ântero-interna do polegar até a região da eminência tenar da palma da mão e exercemos uma certa pressão. Assim, os fragmentos que existam na pele aderem à parafina. Primeiramente, realizamos um exame microscópico simples dos moldes que estiveram em contato com a pele, para verificar se havia a presença de fragmentos que, pelo aspecto exterior e morfologia, sejam semelhantes aos resultantes da combustão de pólvora.

— Esses resíduos foram encontrados nas mãos de Heinz Schmeling e Maria Luiza?

— Apenas na mão direita de Heinz Schmeling.

— Prossiga, por favor.

— A seguir, submetemos esses fragmentos à reação microquímica com brucina e difenilamina, em solução H_2SO_4, conforme é indicado nesta situação. Dessa forma, localizamos nos moldes de parafina vários pontos muito semelhantes aos de resíduos com pólvora que, submetidos à reação química, adquirem uma coloração azul. O resultado foi positivo.

— Houve preocupação por parte dos peritos de repetir o teste para que não houvesse erro?

— No total, realizamos cinco testes e todos apresentaram resultados francamente positivos – acrescenta o perito.

— Sem mais perguntas, meritíssimo.

— A defesa teria alguma questão à testemunha?

Waldyr dá uma última olhada em seus apontamentos e se dirige ao perito.

— Doutor Lubianca, o senhor diria que o resultado de testes assegura com cem por cento de certeza de que Heinz Schmeling disparou o revólver contra Maria Luiza?

— Nosso objetivo era averiguar se havia resíduos de pólvora nas mãos da vítima e do acusado indicativos de que tenha utilizado o revólver. Os testes garantem uma boa margem de segurança de que sim, no caso do acusado.

— Resíduos de pólvora ou de produtos nítricos?

— Produtos nítricos que se assemelham à pólvora.

— É sabido que, no caso de ingestão de alguns medicamentos, o corpo pode eliminar estas substâncias através da pele na forma de nitritos ou nitratos. Os senhores consideraram essa hipótese?

– Não encontramos estudos confiáveis sobre essa possibilidade. Mas, mesmo que exista algum tipo de medicamento que possa ser eliminado pelas glândulas sudoríferas, ele estaria presente em toda a superfície cutânea das duas mãos e não apenas na mão direita do acusado.

Waldyr Borges não se abala.

– O uso de fósforos, por exemplo, não deixaria nas mãos resíduos de nitratos semelhantes à pólvora?

– Nesse caso, o teste apresentaria uma coloração um pouco diferente.

– Azulada também?

– Azul, mas em tonalidade mais clara.

– Vamos considerar que o resultado do teste fosse verdadeiro, os senhores consideraram a hipótese de que a mão de Heinz estivesse próxima ao revólver no momento em que houve o disparo? Nesse caso, ela não seria chamuscada na mesma forma que se ele tivesse disparado?

– Como eu lhe disse, nosso trabalho foi averiguar se havia resíduos de nitrato semelhantes à pólvora nas mãos do acusado.

– Retomo a pergunta inicial. Os testes asseguram cem por cento de certeza de que Heinz Schmeling disparou o revólver contra Maria Luiza?

– Como eu já disse, os testes comprovaram que havia resíduos de pólvora nas mãos do acusado.

– Mas não necessariamente que ele tenha atirado contra Maria Luiza?

– Protesto, meritíssimo. O ilustre perito já respondeu à pergunta. A insistência do advogado de defesa está se tornando impertinente.

– Mantido.

Waldyr faz um gesto afirmativo com a cabeça e se dirige ao perito.

– O senhor diria que os testes foram realizados dentro das melhores condições?

– Evidentemente, seria melhor se os exames fossem feitos imediatamente após o crime.

– Os resultados seriam mais confiáveis, presumo. Quer dizer então que os exames não são completamente confiáveis?

– Quero dizer que o tempo transcorrido e o contato das mãos com a água exigiram um trabalho de perícia mais paciente e profundo.

– Uma última pergunta. O corpo de Maria Luiza permaneceu submerso durante 76 horas. Sabemos que a água é um solvente natural. Nessas circunstâncias, o senhor acreditou que pudesse ainda encontrar resíduos de nitratos nas mãos de Maria Luiza?

– Os resíduos de nitrato costumam persistir. Tecnicamente, seria possível.

– Mas o normal é que não?

– É difícil estabelecer o que é normal. O que posso garantir é que não encontramos resíduos de pólvora nas mãos de Maria Luiza.

– O senhor pode assegurar que Maria Luiza não disparou o revólver na madrugada de 18 de agosto.

– Não há nenhum indício de que tenha disparado.

– Portanto, o exame em Maria Luiza não é conclusivo, o senhor concorda?

– Foi o mais próximo que conseguimos.

Waldyr Borges olha para Poty Medeiros e recebe um olhar de aprovação.

– Sem mais perguntas, meritíssimo.

– Não temos mais testemunhas, meritíssimo – avisa Daniel Krieger.

– E a defesa?

– Chamo dona Olívia Marchel.

*

Arthur Haybittle conhece Olívia Marchel e a considerava uma influência positiva para a enteada. Durante a crise entre Erika e a filha, ela frequentava a casa da Pedra Redonda como harmonizadora. Permanecia longas horas conversando com Lisinka, o que provocava algum ciúme em

Erika, mas Arthur notava que as conversas funcionavam como um tranquilizante para a enteada.

Olívia entra no plenário sem disfarçar o constrangimento de aparecer como testemunha da defesa. Ao passar por Arthur Haybittle, olha para ele como quem pede desculpas.

– Como a senhora qualificaria sua relação com Maria Luiza Häussler? – pergunta Waldyr Borges.

– Amiga.

– Vocês duas tinham uma considerável diferença de idade. Quinze anos, estou certo?

Ela concorda com a cabeça.

– Eu diria, portanto, que a senhora era mais do que amiga. Mentora? Confidente? Conselheira?

– Pode-se dizer.

– Se eu dissesse que a senhora era a pessoa que melhor conhecia Maria Luiza, estaria errado?

– Uma das que melhor conhecia, talvez.

– Melhor do que a própria mãe dela?

Esta é uma resposta que Erika não gostaria de ouvir, imagina Haybittle.

– Em geral, as moças não conversam com suas mães sobre alguns assuntos – pondera Olívia.

– Questões mais íntimas talvez? – insiste o advogado.

Olívia parece incomodada.

– Eu teria várias perguntas para lhe fazer sobre essas questões íntimas de Lisinka e sobre a natureza das relações entre ela e Heinz, mas tenho uma orientação explícita de meu cliente para que tais assuntos não sejam mencionados neste tribunal, mesmo que isso pudesse favorecer a defesa.

As insinuações deixam Arthur Haybittle constrangido e Cristiano Nygaard encolerizado.

- Essa postura revela uma altivez de caráter por parte de Heinz Schmeling que deve ser observada pelo júri - prossegue o advogado. - Algumas questões, entretanto, precisam ser esclarecidas. Gostaria que a senhora nos falasse do suposto rompimento entre Maria Luiza e Heinz.

Olívia olha discretamente para o réu antes de responder.

- Ela enviou uma carta a Heinz propondo que parassem de se ver por algumas semanas.

Mister Arthur sempre imaginou que a carta tivesse sido sugerida por Olívia.

- A senhora acha que a carta refletia os sentimentos de Maria Luiza?

- Maria Luiza estava muito angustiada desde que Heinz a pediu em casamento. Houve uma reação de dona Erika, dizendo que era muito cedo para assumirem um compromisso de tal importância. Criou-se uma certa animosidade que foi se agravando com o tempo. A carta serviu para amenizar as relações entre as duas.

- Muito esclarecedor, mas a senhora não respondeu objetivamente. A carta refletia a realidade dos sentimentos de Maria Luiza por Heinz ou não?

- Não saberia dizer.

- Os dois continuaram se encontrando?

- Lisinka não queria contrariar a mãe. Portanto, não achava certo se encontrar com Heinz nessas circunstâncias. Que eu soubesse, antes do Baile dos Estudantes, só estiveram juntos uma vez, em uma festa na casa de Elisa Schuler. Naquele dia, Heinz apareceu depois que dona Erika tinha saído. Eles conversaram um pouco e ele foi embora.

- Nesse dia, teriam se beijado?

- Eu não estava lá.

- Mas ela, decerto, comentou.

- Sim.

- Dona Olívia, a senhora acompanhou Maria Luiza em visitas a cartomantes?

Cristiano Nygaard olha surpreso para *mister* Arthur.

- Duas vezes - Olívia responde. - Eu tentei dissuadi-la, disse que era bobagem, mas ela insistiu e eu tive que acompanhá-la.

- Ela costumava frequentar cartomantes?

- Nunca.

- O que Maria Luiza pretendia saber das cartomantes?

- Ela queria saber se o romance com Heinz tinha futuro. Era um desatino, porque ela nunca acreditou nessas coisas.

- O que disseram as cartomantes?

- Uma delas disse que ela não se casaria com Heinz.

- Qual foi a reação de Maria Luiza?

- Lisinka ficou abalada, chorou muito.

As perguntas em sequência do advogado não deixam Olívia refletir.

- Ela era ciumenta?

- Como todo mundo. Heinz era muito assediado pelas moças, muitas gostariam de estar no lugar dela.

- Naqueles dias, o ciúme se manifestava com maior intensidade?

- Eles não estavam se vendo, nem falavam por telefone. Então, essa falta de contato provocou alguma fantasia, alguma insegurança. Às vezes, ela ficava imaginando o que ele poderia estar fazendo.

- Ela estava perturbada, fora do seu normal?

- Protesto! - Krieger ergue-se da cadeira. - Que eu saiba, com todo o respeito, dona Olívia não é pessoa abalizada para emitir um diagnóstico sobre eventuais problemas psíquicos da vítima.

- Mantido.

Waldyr Borges permanece por alguns instantes olhando para Olívia. Arthur Haybittle torce para que aquele tormento acabe logo.

- Sem mais perguntas.

- A acusação gostaria de inquirir a testemunha?

- Tenho apenas uma pergunta - adianta-se o promotor Luiz Palmeiro. - Dona Olívia, como uma das pessoas que melhor conheciam Maria Luiza, a senhora acredita que ela seria capaz de cometer o suicídio?

- Não! - ela responde, assustada.

- Protesto!

- Meritíssimo. A defesa quer utilizar o depoimento de dona Olívia para favorecer sua tese. É preciso que se saiba o que dona Olívia pensa a respeito da tese da defesa.

- Por favor, responda dona Olívia - solicita o juiz.

- Lisinka jamais faria isso. Era uma pessoa alegre, bondosa, feliz. Jamais cometeria uma insanidade dessas. Não, de forma alguma.

- Sem mais perguntas, meritíssimo.

Haybittle respira aliviado. A última resposta de Olívia, de certa forma, reabilita Maria Luiza.

*

Passados pontualmente os dez minutos de suspensão, o juiz retorna à sala e anuncia o início do período de sustentação oral. Frida Wiedmann sabe que ouvirá coisas desagradáveis sobre o filho. O marido Hans Freiherr segura sua mão e fala em seu ouvido:

- Preparada?

O promotor Luiz Lopes Palmeiro sobe à tribuna e explica que dividirá o tempo da acusação com o advogado Daniel Krieger:

- Nesta primeira parte, tratarei, à luz da ciência, do comportamento do réu ao longo de toda essa tragédia. Durante o período em que o acusado Heinz Schmeling cumpria prisão preventiva na Casa de Correção, tive oportunidade de requerer que ele fosse alvo de exames que pudessem esclarecer as motivações que o levaram a assassinar Maria Luiza Häussler, naquela fatídica madrugada, e sua disposição ilógica de não admitir o crime. Esses exames foram realizados pelo renomado psiquiatra Luiz Rothfuchs nos dias em que o réu esteve internado no manicômio judiciário.

Luiz Palmeiro busca uma anotação em sua mesa.

- Diz o doutor Rothfuchs: "Trata-se de personalidade histérica que, no ato praticado, agiu de forma instintiva, com diminuição do campo de consciência, mas não do livre-arbítrio. Assim, tudo levando a crer, no ponto de vista médico-legal, que não se possa firmar a falta de imputabilidade".

A leitura da avaliação psicológica de Heinz desconcerta Frida. O promotor guarda a anotação e dirige-se para a frente da mesa dos trabalhos.

– O réu não é, de acordo com o laudo, um irresponsável penalmente. É, sim, uma personalidade emoldurada com elementos de série histérica. A psicopatia não é alienação, mas uma atitude, uma disposição. Os psicopatas andam na vida sem cometer crimes, controlando-se, inibindo-se, adaptando-se ao meio. Podem viver uma vida inteira sem que a psicopatia se manifeste de forma extrema. Mas, em alguns casos, algo os leva a agir. Nos exames realizados, o réu se mostrou lúcido, sem desordens de percepção, associa ideias com naturalidade, revela capacidade mental equivalente ao grau de instrução recebido, não demonstra alucinações, nem delírios. Portanto, é um tipo oscilante em que a psiquiatria vislumbra os matizes das grandes síndromes, como é o caso da histeria. A histeria, devo esclarecer, não é uma doença, mas um modo anormal de reação ante as exigências da vida, como nos ensinam os estudiosos.

O promotor vai até o banco do réu.

– Maria Luiza rejeitou Heinz, o que para ele significaria uma perda irreversível em seu orgulho próprio. Assim, o réu procedeu de acordo com um traçado mental, através do qual a mulher que amava tornou-se um risco à sua segurança íntima. Essa situação incômoda não se criou no dia do crime. Ela existia desde o momento em que Heinz passou a ter desconfianças dos sentimentos de Maria Luiza por ele. Nesse tipo de personalidade, a rejeição é insuportável.

Frida recorda da repentina mudança de comportamento do filho nas últimas semanas. Maria Luiza deixou de aparecer na chácara do Cristal. O alegre e brincalhão Heinz tornou-se um zumbi triste e silencioso. Frida quis saber se havia um problema com Maria Luiza. Ele respondeu que não, era apenas um afastamento temporário e que tudo ficaria bem, mas não demonstrava ânimo para prosseguir no assunto.

– De posse desses elementos de avaliação, fica cristalino que o assassinato foi realizado com frieza, calculadamente – prossegue o promotor. – Aproveitou-se o réu de todas as circunstâncias para colimar o objeto visado, de sorte que o crime se deu como conclusão de um processo primitivo de proteção instintiva. Não houve rebaixamento do seu nível intelectual. A inteligência de Heinz conservava-se completa, e constantemente adubada pelos produtos da imaginação. No caso específico, ostenta um brilho que o faz figurar-se a mais do que realmente é. Essas personalidades muito se assemelham às crianças, pela falta de ponderação. Naturalmente, todas as pessoas podem exibir sintomas neuróticos leves quando a vida se torna difícil e complexa. No caso do réu, no entanto, verificou-se uma tempestade de movimentos, característica de uma histeria em seu grau máximo, o que o tornou um psicopata.

– Protesto, meritíssimo. Esses sintomas referidos pelo promotor não estão mencionados no laudo do doutor Rothfuchs.

– Devo observar, meritíssimo, que não existem sintomas de histeria, mas reações histéricas – corrige o promotor. – Os fatores desencadeantes dessas reações em geral são ligados à vida amorosa, dificilmente tomados na sua expressão real, já que o histérico acrescenta a eles uma boa dose de fantasia, de modo a torná-los ainda mais drásticos.

– Meritíssimo – interrompe Waldyr Borges. – Estamos tendo o privilégio de assistir a uma verdadeira aula de Psiquiatria Forense ministrada pelo ilustre doutor Palmeiro, que, mesmo não sendo especialista, certamente estudou o assunto a fundo. Quero obstar, no entanto, que são apenas conjecturas, que não podem ser consideradas como definidoras de comportamentos. O doutor Palmeiro sabe melhor do que eu que eventuais distúrbios de personalidade se manifestam em graus variados, que muitas vezes...

– Meritíssimo, eu gostaria de prosseguir na minha linha de raciocínio.

– Sem dúvida – obsta o advogado de defesa –, mas quero apenas advertir os jurados que se trata de suposições sem relação direta com meu cliente e muito menos os fatos que estamos examinando.

– Por favor, prossiga, doutor Palmeiro – decide o juiz.

Durante meia hora, o público escuta o promotor Palmeiro trafegar com desenvoltura no emaranhado de conceitos sobre o tema da histeria:

– O comportamento do réu após o crime, negando-o e inventando versões imaginosas, apenas corrobora o tipo de personalidade que o laudo psiquiátrico revelou. Em situações adversas, esse tipo assume o papel da vítima indefesa perante a situação. Necessita da piedade e da complacência dos outros. A pessoa vai incorporando esse sentimento de fragilidade interior até despencar em estado de depressão. Exatamente como agiu o réu em seus desmaios, suas crises de choro e o desejo de se suicidar.

Cada frase do promotor reverbera na mente de Frida, a ponto de ela imaginar que ele estivesse todo o tempo, invisível, no quarto 96 do Hospital Alemão anotando as reações de Heinz. As noites sofridas, sua fragilidade, o choro, a carência duradoura, os pesadelos cruéis, os pedidos de socorro quase infantis, o incontrolável flerte com a morte.

– Essa é, em síntese, a interpretação à luz da psiquiatria do que motivou Heinz Schmeling a matar Maria Luiza. Trata-se não de uma explosão momentânea, mas de uma característica inerente a esse tipo de personalidade. E mais: é um tipo de comportamento que costuma ser reincidente. Ou seja, é muito provável que, uma vez solto, o réu repita esse gesto. Passo a palavra ao meu colega Daniel Krieger para complementar os argumentos da acusação.

Uma parte do público aplaude o promotor com entusiasmo, obrigando o juiz a acionar a campainha por diversas vezes. Frida está assustada.

*

Arthur Haybittle vê o advogado Daniel Krieger subir à tribuna com um envelope nas mãos.

— O brutal crime que retirou Maria Luiza do convívio de seus familiares ocorreu há pouco mais de dois anos. Às vezes, o tempo conspira para diluir a indignação das pessoas e amestrar o comportamento de cada um. Por isso, me obrigo a reavivar nos senhores sobre o que estamos tratando neste júri.

Krieger tira do envelope várias fotos do dia em que o cadáver de Maria Luiza foi retirado da Lagoa dos Barros. Várias delas foram publicadas nos jornais. Arthur lembra que Erika não quis olhar para as fotos da filha morta. Mas, ao final do dia, antes da cerimônia de despedida, ela lhe perguntou: "Como ela estava nos jornais?". O inglês respondeu: "Como se estivesse dormindo".

O advogado de acusação mostra as fotografias do corpo de Lisinka aos jurados, sem nenhuma pressa. Quando acredita que já causou o impacto planejado, guarda as fotos no envelope e retorna à tribuna.

— Meritíssimo juiz, colegas de defesa, ilustres jurados, senhoras e senhores aqui presentes. Estamos todos aqui com uma única, grave e urgente missão. Reparar um crime hediondo que feriu profundamente não apenas a inconsolável família da vítima, uma jovem que era um orgulho para sua família e exemplo para suas amigas. Uma menina incapaz do mal, pois que era toda feita de doçura e meiguice, tendo recebido de sua família uma educação exemplar, fundada em valores morais mais elevados.

Krieger vai até os familiares de Maria Luiza.

— Um crime brutal arrancou de nosso convívio uma jovem cheia de vida e repleta de sonhos que não pôde realizar. Permitir que esse crime saia impune deste tribunal, além de ofender os familiares de Maria Luiza, equivalerá a condenar todas nossas famílias à preocupação permanente, ao sobressalto, ao alvoroço, ao desespero. Qualquer decisão que não seja uma punição exemplar ao autor desse crime bárbaro terá o efeito de expor nossas jovens aos caprichos assassinos de quem quer que seja, pois todos os desajustados em potencial se sentirão encorajados pela impunidade. Significará tirar de cada cidadão que mora e trabalha na nossa cidade a crença na Justiça. Significará instalar o pânico nos nossos lares e abrir as portas do inferno.

— Protesto, meritíssimo.

— Negado.

— Desculpem a expressão, mas quem tem filhas sabe do que estou falando. O que aconteceu para que um namoro de dois jovens descambasse para uma tragédia que Porto Alegre nunca tinha testemunhado? O ilustre promotor Luiz Lopes Palmeiro nos explicou, com conhecimento de causa, já que é um estudioso da matéria, as motivações que levaram Heinz Schmeling a assassinar friamente Maria Luiza Häussler. A partir de agora, vamos nos debruçar nas provas cristalinas pelas quais ele deve ser condenado.

Arthur Haybittle pensa no estado de espírito de Erika a esta hora. Com a passagem do tempo, a esposa refugiou-se em seu ponto forte: a facilidade de lidar com questões comezinhas como se fossem tarefas nobres, o que lhe permitiu retomar a integralidade dos espaços de sua vida, pelo menos na aparência. A proximidade do julgamento, entretanto, fez com que lembranças e sentimentos dolorosos atormentassem a fluidez de seu cotidiano.

O advogado Krieger começa a caminhar em círculos com as mãos nos bolsos.

— Maria Luiza e Heinz Schmeling eram namorados. Ocorre que, a certa altura, nas semanas que precederam o bárbaro acontecimento, ela resolveu dar outro rumo à sua vida e se afastar-se de Heinz por razões que estão exaustivamente mencionadas em seu diário íntimo, cujas páginas anexamos a este processo. Queixava-se da impulsividade de Heinz, da sua arrogância e autossuficiência, de seu pouco caso em relação a ela, do desprezo com que ele lhe tratava em várias ocasiões. Não sou eu quem diz. São termos usados por ela, na intimidade de seu diário, onde a sinceridade é plena, pois ela não escreveu para ninguém, senão para si mesma.

Maria Luiza notou na personalidade do acusado características que ainda não haviam se manifestado, o que é normal entre pessoas que estão se conhecendo.

Arthur Haybittle é obrigado a admitir que as coisas não ocorriam de forma tão esquemática e lembra quantas vezes teve que convencer Erika a não bisbilhotar o diário de Lisinka.

*

Waldyr Borges mantém-se atento a cada palavra pronunciada pelo advogado de acusação. Krieger vai a sua mesa e busca uma folha de papel.

— As desilusões amorosas fazem parte da vida dos jovens. Quem de nós não passou por isso? Convencida de que seus sentimentos por Heinz haviam se enfraquecido pela mudança de comportamento do rapaz, Maria Luiza lhe escreve uma carta. Vou ler um trecho revelador. Escreveu ela, no segundo parágrafo: "Eu desejaria chamar a tua atenção de que as relações entre nós, pelo menos na minha opinião, tornaram-se, ultimamente, insuportáveis". O que faz Heinz Schmeling diante desse fato novo? Conforme esclareceu o ilustre promotor, pessoas com os sintomas encontrados no comportamento do acusado...

Waldyr pensa em protestar, mas vacila e perde a chance.

— Pessoas com esse tipo de personalidade tendem a não saber lidar com a rejeição de forma adequada. O rompimento de um namoro entre jovens é um fato corriqueiro. Nas pessoas sadias, provoca uma tristeza, até um rancor momentâneo, que logo se desvanece com o decorrer da vida. Nenhum rapaz normal irá dar um tiro na namorada porque ela decidiu romper...

— Protesto!

— Negado.

— Com pessoas como Heinz Schmeling, no entanto, esse processo mental funciona de outra forma. Pelo tipo de desvio psicológico, a inconformidade se manifesta de forma exacerbada. Heinz Schmeling perdeu a razão e planejou friamente a morte de quem a rejeitou.

— Protesto! — grita Borges.

Impaciente, Krieger se dirige ao juiz Coriolano.

— Meritíssimo, o advogado de defesa, talvez por sua inexperiência, usa e abusa do direito de protestar, com a intenção reiterada de interromper nosso raciocínio e, provavelmente, desconcentrar a atenção dos jurados. Peço que ele seja advertido de que sua postura não condiz com as tradições deste tribunal, historicamente pautadas pelo respeito entre as partes. Quando ele tiver a palavra, será ouvido em silêncio e respeitado pela acusação.

O juiz volta-se ao advogado de defesa.

— Doutor Borges, o direito ao protesto é um mecanismo jurídico a ser usado com parcimônia, sempre que a outra parte cometer algum exagero em sua explanação. Não noto esse comportamento na acusação, portanto, não permitirei que esse direito seja empregado a seu bel-prazer. Prossiga, doutor Krieger.

— Pois não, meritíssimo. Várias versões foram apresentadas pelo acusado nas diversas vezes em que foi interrogado. Disse que era amante de Maria Luiza, falso. Conforme assegura o laudo do ilustre doutor Celestino Prunes, Maria Luiza não foi violada em sua castidade. Manteve-se pura.

Paulo Koetz nota uma expressão de amarga ironia no semblante do advogado de defesa. Krieger prossegue:

— O réu disse ainda que, saindo do baile, estiveram em vários lugares e rumaram para fora da cidade pela estrada Porto Alegre-Tramandaí, sempre discutindo. Que, quando chegaram ao local chamado Aldeia dos Anjos, tomou uma estrada secundária, estacionando em um descampado. Ali, segundo as primeiras declarações do acusado, Heinz a induziu a manterem relações íntimas. Depois de resistir, ela teria consentido. Já vimos que é mentira. Realizado o ato, ela teria apanhado um revólver e detonado contra o sedutor, que teria desmaiado. Quando recobrou os sen-

"Após tentar violentá-la, o perverso raptor a matou friamente com um tiro no peito à queima-roupa."

tidos, não encontrou mais a moça e, ferido, retornou a Porto Alegre. No segundo interrogatório, ele, que a princípio negara o paradeiro de Maria Luiza, dessa vez, revelou que ela teria se suicidado após disparar contra ele. Diante da tragédia, confessou, então, que escondeu o corpo de Maria Luiza utilizando arames que trazia no automóvel e pedras que teria encontrado no local, pois temeu que fosse acusado pela morte da jovem, já que, conforme ele próprio admitia, a tese do suicídio era inverossímil. Essa versão do acusado modificou-se a cada interrogatório policial. Agora, vou relatar o que verdadeiramente ocorreu entre os dois.

Paulo Koetz percebe que o olhar de Heinz perde-se por uma das janelas do tribunal. Daniel Krieger vai até a bancada dos jurados.

— Dia 18 de agosto de 1940. Maria Luiza está no baile, acompanhada de seus familiares, quando chega Heinz Schmeling "corroído pelo ciúme", como foi amplamente publicado nos jornais e é atestado por várias testemunhas ouvidas no processo. O ciúme o faz interpelar o jovem Paulo Hans Fayet que dançava com Lisinka. Por pouco, Heinz não o agride. Devemos destacar que o acusado bebeu seis doses de uísque em um curto espaço de tempo, conforme o *bordereau* da Sociedade Germânia.

— Protesto, meritíssimo. A conta diz respeito à mesa em que o acusado se encontrava com vários amigos.

— Mantido.

— Aparentemente procurando a reconciliação, Heinz convida Maria Luiza para conversarem no automóvel, o famigerado 27-50. Temendo um escândalo, Maria Luiza aceita, confiada, sem imaginar que, com sua aquiescência, está decretando sua própria sentença de morte.

Heinz sacode a cabeça para os lados e deixa escapar uma interjeição de desdém. O juiz Coriolano pede licença para interromper o advogado de acusação.

— Solicito que o acusado mantenha a compostura. Não será tolerado por esta corte esse tipo de comportamento. Prossiga, doutor Krieger.

— Após saírem do baile para conversar no auto, Maria Luiza é raptada por Heinz Schmeling e conduzida ao Morro Mont'Serrat, um descampado muito procurado pelos jovens casais, onde podem ter seus momentos de privacidade. Temos depoimentos de três rapazes que viram um automóvel com as características do 27-50 naquele local, naquela madrugada, naquele horário. Após tentar violentá-la, o perverso raptor a matou friamente com um tiro no peito à queima-roupa. Com o cadáver de Maria Luiza acondicionado no banco traseiro do veículo, Heinz deu sequência ao seu plano sinistro. Desceu a Rua Casemiro de Abreu, seguindo pela Rua Coronel Bordini. No caminho, deparou-se com um prédio em construção na esquina da Rua Marquês do Pombal. Ali, apanhou alguns tijolos que estavam à disposição no meio-fio e os jogou para o assento traseiro, já pensando em utilizá-los para ocultar o cadáver. Isso foi praticamente comprovado pela perícia técnica, que, utilizando modernos equipamentos, encontrou marcas dos tijolos no assento traseiro. Heinz seguiu então para o litoral, detendo-se no posto de gasolina do Passo da Mangueira, pois precisava abastecer o automóvel. É ilustrativo o depoimento do funcionário Arlindo Mota, que o atendeu. Diz ele que não viu ninguém no automóvel junto com o acusado. Nem poderia, pois o corpo já sem vida de Maria Luiza se encontrava escondido no assoalho traseiro.

Waldyr Borges ergue-se da cadeira:

- Protesto!
- Negado.
- O acusado Heinz Schmeling, que se apresentou como vítima e manteve essa versão durante todo o processo, seguiu, então, mãos firmes no volante, em alta velocidade, rumo à Lagoa dos Barros para concluir a sua obra macabra, enquanto atrás dele ia enrijecendo o corpo daquela a quem ele dizia amar. No local previamente escolhido, ele amarra o corpo de Maria Luiza com os tijolos trazidos de Porto Alegre e algumas pedras e, meticulosamente, o sepulta na Lagoa. Num requinte novelesco, ele planeja o *grand finale* do que imaginou ser um crime perfeito. Antevendo que seria acusado da morte da ex-namorada, resolveu ferir a si mesmo, industriando desde lá a versão de que teria sido vítima e não assassino. E faz isso não na Lagoa, mas quando retorna a Porto Alegre, tanto que, ao passar de volta pela mesma bomba de gasolina, o mesmo funcionário não distinguiu qualquer ferimento no acusado.

Daniel Krieger bebe um gole de água.

- Na brilhante e incontestável exposição do ilustre promotor a respeito da histeria, encontramos os elementos consistentes que explicam não apenas a forma extrema como o acusado respondeu à rejeição da ex-namorada, matando-a e livrando-se de seu corpo de forma fria e calculista, mas também as atitudes posteriores, construindo versões fantasiosas que mudam conforme o sabor da sua vontade e da conveniência do momento. Graças à operosa ação desencadeada pela nossa Polícia, foram desmoronando, uma após outra, pelos rijos golpes da verdade, as fantásticas versões elucubradas por Heinz Schmeling.

Heinz olha assustado para o advogado de defesa, que lhe devolve um sorriso tranquilizador.

— Primeiro, ele se declarou amante da vítima. Mentira. A necropsia realizada pelo ilustre médico da Polícia, doutor Celestino Prunes, afiançou a pureza de Maria Luiza. Segundo, afirmou que, por uma "inspiração momentânea", amarrou o cadáver com tijolos e pedras encontrados nas imediações a fim de escondê-lo na Lagoa. Outra mentira. Os tijolos procediam de um local muito distante dali, uma obra na esquina das ruas Coronel Bordini e Marquês do Pombal. Mas sobre isso falaremos mais tarde. Terceiro. O acusado quis nos fazer acreditar que tivesse, com um pulmão perfurado por um balaço calibre 38, realizado o trabalho hercúleo de retirar o corpo da jovem do automóvel, amarrar nelas os tijolos e pedras, carregar o corpo até a Lagoa, num terreno acidentado e em declive, e conduzi-lo por dentro d'água, sepultando-o a uma distância de 17 metros da margem. E mais: com o pulmão perfurado, teria estacionado junto a uma lagoa para lavar o assento do automóvel, removendo os resíduos de sangue. Depois, teria dirigido ininterruptamente até o armazém de Orlando Alberton, no bairro Belém Velho, um trajeto de 120 quilômetros, com um pulmão perfurado. Um trabalho de tal monta seria possível para um indivíduo são, mas não para um ferido grave.

— Protesto, meritíssimo. O laudo do doutor Celestino Prunes atesta que as características do ferimento não impediriam o acusado de realizar essas ações.

— Mantido.

— Vou reformular. Para um ferido grave, realizar esse trabalho seria, se não impossível, altamente improvável.

Krieger aproxima-se do réu.

— Mas, senhores jurados, felizmente, a Polícia de 1940 não era mais a instituição míope e claudicante de antes. A técnica policial já se tornara uma grandiosa realidade e os dias do crime haviam terminado. A perícia do investigador colheu as provas ocultas. Os peritos no laboratório revelaram o invisível. As provas foram ganhando forma e consistência.

Waldyr abre a pasta e separa alguns papéis sobre a perícia, para questioná-la mais tarde.

- O acusado insistiu que teria sido baleado por Maria Luiza, que, após, cometeu o suicídio - prossegue Krieger. - O perito José Lubianca, auxiliado pelo doutorando Rubens Lubianca, ambos, como devem proceder os grandes cientistas, não discutiram. Investigaram. Sem ideias preconcebidas, absolutamente despidos de qualquer condicionamento, os peritos tiraram moldes em parafina das mãos de Heinz Schmeling e Maria Luiza Häuessler, buscando verificar, através de exames microscópicos e microquímicos, a existência ou não de pólvora. Esse processo é infalível, já que os resíduos de pólvora permanecem um bom tempo nas mãos de quem dispara uma arma e, no momento do teste, aderem ao molde. Pois bem. Esse exame deu resultado negativo em Maria Luiza e positivo na mão direita de Heinz Schmeling. Ele apenas não matou Lisinka a sangue-frio, mas atirou contra si. No entanto, teve azar. Pretendia ferir-se superficialmente, porém o projétil desviou-se em sua trajetória, indo perfurar um de seus pulmões. Feito isso, sem coragem de retornar para casa, foi repousar em um armazém no longínquo bairro Belém Velho.

A frase do advogado provoca gestos de aprovação entre os policiais.

- Essa, senhoras e senhores, distintos jurados, é a história real, corroborada pelo que há de mais contemporâneo na técnica de investigação criminal, felizmente instalado na nossa Repartição Central de Polícia e nas mãos de peritos de reconhecida competência. Fosse outro momento e correríamos o risco de ver esse cidadão de volta às ruas, à espreita da próxima vítima.

- Protesto, meritíssimo.

- Mantido.

- Encerro, senhores, reiterando a prova fundamental para a inevitável condenação de Heinz Schmeling.

Ele vai até sua mesa e retira de um pacote de papel o tijolo recolhido na margem da lagoa.

– Fosse outro tijolo que o acusado tivesse utilizado como peso para fixar o cadáver de Maria Luiza submerso na Lagoa dos Barros e poderia permanecer nebuloso esse aspecto importante do caso, que é o local onde ocorreu o crime. Teve azar o moço. Esses tijolos com a marca JD estavam sendo utilizados em uma única obra da cidade, na Rua Coronel Bordini, situada exatamente no trajeto que Heinz Schmeling realizou, do Morro Mont'Serrat, onde matou a ex-namorada, até a lagoa onde escondeu seu corpo. Dessa forma, bem que podemos traduzir o monograma JD impresso no tijolo como Justiça Divina!

– Protesto!

– Negado.

– A consciência da sociedade exige, portanto, a condenação exemplar de Heinz Schmeling por homicídio qualificado, acrescentando a ela todos os agravantes apostos pela colenda 1ª Câmara Criminal, como forma de garantir que este criminoso frio e calculista não retorne ao convívio social. É o que tínhamos para o momento, meritíssimo. Voltaremos na fase da réplica.

Aplausos ecoam pelo salão com tal entusiasmo que, novamente, o juiz Coriolano Albuquerque é obrigado a utilizar a campainha.

*

Um vozerio incessante se alastra pelo salão. Paulo Koetz registra em seu caderno: "Encerrado o substancioso trabalho do representante da acusação particular, a sessão foi suspensa por vinte minutos para descanso". Heinz Schmeling mantém-se impassível, olhando em volta como se o seu interesse estivesse longe dali. Talvez no fundo da Lagoa dos Barros, imagina Koetz. Seus advogados trocam ideias com base em apontamentos sobre o desempenho da acusação. Do outro lado, Cristiano Nygaard cumprimenta efusivamente o promotor Palmeiro e o advogado

Krieger. A mesma euforia Koetz nota entre os policiais, no fundo da sala. Frida passa diante de Arthur Haybittle e os dois se olham com algum constrangimento.

Koetz vai até o *toilette*. Tranca-se em uma cabine, retira do bolso uma garrafinha metálica e bebe três longos goles de uísque. Ao sair, depara-se com o inspetor Hilton Cabral.

- E então, Cabral?
- É páreo corrido.
- Vamos ver como se sai a defesa.

O inspetor abre um sorriso.

- Se escalaram o doutorzinho para a sustentação oral em lugar do doutor Poty é sinal que jogaram a toalha.

Os dois escutam a campainha do juiz Coriolano. Quando retornam à sala, Waldyr Borges está começando a falar.

- Minha presença nesta tribuna se justifica como uma homenagem dos colegas de mandato, os doutores Heitor Pires e Poty Medeiros, a este jovem advogado que estreia nesta casa. Sei da tremenda responsabilidade que me aguarda, mas somente a convicção na inocência do acusado é que me faz jogar, quem sabe, o futuro de minha carreira profissional em sua defesa.

Ele deixa a tribuna e começa a caminhar em círculos diante do público.

- O que ouvimos, tanto do eminente promotor quanto do advogado contratado pela família, foram tentativas de transformar questões subjetivas e indícios circunstanciais em provas concretas. O ilustre promotor discorreu sobre uma suposta relação entre o exame psiquiátrico realizado no réu e o crime. Ora, o diagnóstico psiquiátrico não aponta de forma conclusiva que o acusado esteja perfeitamente enquadrado nas várias categorias da síndrome citada. No máximo, aponta algumas características, que, conforme ele mesmo refere, podem estar presentes em qualquer um de nós. Isso não nos torna criminosos em potencial. Existe uma figura muito importante do Direito chamada nexo causal. É mais ou menos o seguinte: se existir esta determinada circunstância, fatalmente o resultado será este ou aquele. No caso, não há nexo causal. Mesmo que Heinz tivesse um diagnóstico que fosse conclusivo de histeria, isso não determina que ele fatalmente cometesse um delito. Trata-se de uma ilação aleatória. Portanto, a brilhante exposição do promotor restou inútil para o que se debate neste júri. Foi, com todo o respeito, uma culta, interessante e eloquente perda de tempo.

Fuzilado pelo olhar do promotor, Waldyr aproxima-se de Heinz Schmeling.

— Uma mentira repetida mil vezes se torna verdade. A frase não é minha. É de Joseph Goebbels, ministro da propaganda de Adolf Hitler. E foi dessa forma, senhores, que o nazismo conseguiu burlar a boa índole de toda uma nação. O rapaz que os senhores estão vendo no banco dos réus tem 22 anos. Chega a este tribunal prejulgado, espezinhado, humilhado até. Desde o primeiro dia, os jornais o apontaram espalhafatosamente como autor de um crime bárbaro e revoltante, ao reproduzir a versão adotada *a priori* pela Polícia. Nesse ponto, é de se lamentar que a imprensa, que deveria ser a consciência crítica da sociedade, tenha se transformado em uma mera repetidora do que ditam as autoridades. Sabemos que existe uma realidade política acima das nossas vontades, mas, convenhamos, o servilismo não precisaria chegar a tanto.

Dessa feita, os protestos partiram da bancada dos jornalistas. Waldyr espera que a campainha do juiz reinstale o silêncio.

— Assim como ocorreu na Alemanha, a boa índole da população de Porto Alegre foi burlada por uma mentira repetida mil vezes — ele prossegue, girando a mão direita no ar. — Os jornais alardearam fatos insignificantes e pseudotestemunhos, muitos dos quais sequer figuram na peça acusatória, tal sua inconsistência.

Waldyr Borges exibe uma manchete de jornal.

— Estou sentindo falta neste julgamento da testemunha-chave apresentada pela Polícia de forma bombástica. Os senhores se lembram de um *chauffeur* de praça conhecido pela alcunha de "Vira Mundo"? Certamente, os jornalistas e funcionários da corporação policial se recordam.

Paulo Koetz lança um olhar divertido para Ernesto Neumann.

– Era de se supor que "Vira Mundo" estivesse aqui neste julgamento, brilhando como testemunha-chave para sacramentar a condenação de Heinz Schmeling. Esse patético cidadão foi revestido pela nossa Polícia de uma credibilidade que não desfruta entre seus colegas e muito menos nos ambientes do submundo que ele costuma frequentar. Fomos investigar, assim como a Polícia, decerto, o fez, tanto que remeteu o sujeito de volta ao anonimato, de onde não deveria ter saído. Segundo seus colegas, é um atochador contumaz. Tem envolvimento com jogo do bicho. Existem suspeitas de que arranja encontros escusos para pessoas da alta sociedade para depois ficar achacando os clientes. Essa é a testemunha-chave da Polícia.

Koetz sente-se desagravado.

– "Vira Mundo" foi esquecido – prossegue Waldyr Borges. – Não foi trazido a este tribunal e sequer aparece no inquérito policial, porque os responsáveis pela investigação perceberam que, aqui, ele seria reduzido à insignificância de seu pernicioso papel na sociedade. Um mitômano, um proxeneta, um delinquente, desculpem os termos. "Vira Mundo" foi o astro de algumas das muitas manchetes garrafais que moldaram a opinião pública contra Heinz Schmeling. E nós sabemos: basta que se lhe apresente pela imprensa um fato com tintas tenebrosas, ferindo a sensibilidade, gerando a repulsa e a antipatia, e a opinião pública forma convicção, condena. E erra.

Vai até a bancada dos jurados e olha no rosto de cada um.

– A opinião pública erra, mas o julgador não pode errar. Ele precisa se ater não a sentimentos manipulados, mas ao valor intrínseco da prova apresentada. Diante dela, só existem no julgador dois estados possíveis: o estado da certeza e o estado da dúvida.

Waldyr Borges deixa a bancada dos jurados e se posta diante da plateia.

- Temos, entre nós, ilustres personalidades da nossa melhor advocacia. Eles podem ter esta ou aquela opinião sobre o caso, mas todos conhecem sobejamente a primeira lição que se aprende no Direito Penal: só poderá haver condenação quando houver certeza do ato delituoso e certeza da imputação feita ao réu. Certeza é aquele estado absoluto de consciência, o convencimento pleno, a noção exata, sem sombra de dúvida do fato em exame. Caso contrário, existe a dúvida, e tomar a dúvida como certeza abre as portas para a probabilidade do erro e da injustiça. Firmados esses princípios da lógica penal, passamos a tratar dos fatos.

O defensor aponta o dedo para o réu:

- Só uma pessoa entre nós sabe o que aconteceu naquela fatídica madrugada: meu cliente Heinz Schmeling. Em todas as horas, ele negou a autoria dos crimes que lhe são imputados e esse dado não pode ser desprezado. Ele foi interrogado, pressionado por policiais experimentados em obter confissões sob qualquer método...

- Protesto, meritíssimo! - quem se ergue é o promotor Luiz Palmeiro. - Todos os interrogatórios foram realizados na presença de seu defensor e dos familiares. Não houve nem foi denunciado nenhum ato de constrangimento físico contra o réu.

- Mantido - diz o juiz. - Por favor, doutor Borges, retire essas insinuações.

- Retiro. Nos interrogatórios, Heinz foi instado a confessar o que não fez. Mesmo quando em estado de pré-agonia, naquelas horas em que o ser humano, apavorado com o mistério da morte que se aproxima, procura se pôr em paz consigo mesmo, esperando a misericórdia de Deus, mesmo naqueles minutos em que fraquejaram os grandes materialistas, fazendo confissão de fé que nunca possuíram, pois bem: mesmo neste instante extremo entre a vida e a morte, Heinz Schmeling afirmou que não fora o autor da morte de Maria Luiza Häussler!

Algumas vozes de protesto se manifestam, obrigando o desembargador Coriolano Albuquerque a acionar sua campainha. Impassível, Waldyr Borges aguarda o silêncio para prosseguir sua explanação. Durante cerca de meia hora, ele dedica-se a diferenciar o que é indício e o que é prova, citando doutrinaristas do Direito.

A seguir, refere uma série de erros jurídicos históricos, em que inocentes foram condenados com base em meros indícios. Elege, como exemplo prioritário, o famoso Caso Dreyfuss, ocorrido na França, no século 19. Naturalmente, Koetz conhece o caso Dreyfuss, no qual um oficial francês foi condenado por espionagem com base em uma única prova, uma carta cuja letra se assemelhava à dele. Koetz tem que admitir: o jovem advogado está dando combate.

– O que é apresentado como prova contra Schmeling não passa do que se costuma qualificar de indícios procurados, ou seja, uma abstração cuja existência depende do maior ou menor grau de fantasia de quem investiga. O pesquisador policial, tendo preestabelecido a existência de um crime, formou em seu espírito uma ideia fixa, e saiu à procura de indícios e provas circunstanciais em todo e qualquer fato insignificante para materializá-la. O doutor delegado investigador formou uma ideia subjetiva de um delito. Delirou.

O advogado de defesa faz uma pausa para que sua última frase ecoe por alguns momentos entre os jurados. Prossegue, fazendo um largo gesto com a mão direita:

– De início, quando o caso estava na mais absoluta penumbra, o doutor delegado começou a dar entrevistas apontando o apelante como autor de um homicídio premeditado, adiantando detalhes que ainda estavam sendo objeto de verificação científica. Agiu ofuscado pela ânsia de publicidade, pois, naquele momento, era o homem mais em evidência no cenário metropolitano.

*

Armando Gadret entra na sala de julgamento a tempo de ouvir as últimas palavras pronunciadas pelo advogado de defesa, que retorna para sua mesa e retira um recorte de jornal da pasta:

— Quero ler para os senhores o trecho de uma palpitante entrevista oferecida pelo doutor delegado ao *Correio do Povo*, no dia 21 de agosto: "Serão feitas, também, pesquisas de resíduos de pólvora nas mãos de Heinz, cujo resultado, sendo positivo, confirmará o julgamento aparente de que houve mesmo assassinato premeditado e tentativa de suicídio". Prestem atenção.

Gadret escuta ele repetir palavra por palavra a sua declaração ao jornal.

— Ora, não deveria ser o contrário: primeiro comprovar o fato e depois dar declaração? O julgamento aparente patrocinado pelo investigador não significa outra coisa que não prejulgamento.

O desempenho de Waldyr Borges adquire ritmo. Posta-se na frente do júri com o recorte à mão:

— Imaginem os senhores o estado psicológico do perito encarregado dos exames. Funcionário da Polícia que era, não poderia concluir de modo diverso do que esperava o doutor delegado responsável pelas investigações. Obter resultado negativo nas perícias seria desmentir as apressadas declarações do doutor delegado e pôr abaixo todo o sucesso da Polícia, à qual pertencia o perito. Logo, só lhe restava uma solução: obter resultado positivo.

O delegado Gadret pergunta ao ouvido do inspetor Hilton Cabral.

— Como estão as coisas?

— Por enquanto, sob controle, mas o sujeito é atrevido e resolveu lhe atacar.

O jornalista Ernesto Neumann mostra uma anotação de sua lavra ao delegado: "O defensor procurou suprir com vitupérios impróprios do recinto vetusto a falta absoluta de argumentos, num intento antissocial de atrair à instituição magistral encarregada de zelar pela segurança pública a animosidade e o descrédito populares".

Neste momento, Waldyr está retirando da pasta uma anotação:

— Vamos rememorar a pergunta formulada pelo doutor delegado ao perito da Polícia Técnica: "Se existe nas mãos de Heinz Schmeling qualquer resíduo de pólvora indicativo de que tenha atirado com revólver na madrugada de 18 de agosto de 1940?". Essa questão não poderia ter resposta positiva nem da perícia local, nem de qualquer perito do mundo. O que o doutor delegado desejava saber está fora dos limites do conhecimento humano. Só mesmo um vidente, um prestidigitador poderia arrojar-se a responder positivamente à questão formulada.

— Protesto, meritíssimo — intervém o promotor Palmeiro. — O advogado de defesa mantém seu comportamento de desqualificar o trabalho da Polícia utilizando adjetivos, sem enfrentar a robustez das provas.

— Vou chegar lá — retruca Waldyr. — Transcorreu um enorme lapso de tempo entre o disparo que se pretende provar e a data em que foi feita a perícia nas mãos de Heinz Schmeling. Portanto, seria impossível precisar, em primeiro lugar, se havia resíduos de pólvora nas mãos de Heinz. Segundo, que tais resíduos seriam indicativos de ter ele atirado de revólver. Terceiro, que os eventuais disparos teriam sido feitos na madrugada de 18 de agosto.

O advogado de defesa posta-se diante do público.

— Para embasar a sua conclusão, o perito afirma ter usado a técnica de um tal Benitez. Fui pesquisar. Esse senhor apresentou em 1922 um trabalho para pesquisa dos nitratos e nitritos em geral e não da pólvora, especificamente. Destinava-se ao trabalho em indústrias e laboratórios. Jamais lhe passou pela cabeça empregá-lo na investigação policial. Poderia o senhor perito ter se valido do trabalho de um mexicano, Teodoro Gonzales, que, em 1931, pretendeu ter encontrado a possibilidade de se identificar pelos nitratos e nitritos nas mãos de quem tivesse feito disparo de arma de fogo. Mas tal método não vingou. O próprio senhor Gonzales afirmou a impossibilidade de se efetuar pesquisa dos nitratos após as mãos terem sido lavadas. É óbvio que durante as 60 horas que transcorreram entre o suposto disparo e a perícia nas mãos do acusado, suas mãos foram lavadas, até porque ele estava no hospital medicado durante esse período. As zelosas enfermeiras do Hospital Alemão não lhe deixariam as mãos sujas, com o risco de provocarem alguma infecção. Então, senhores, como dar crédito a essa perícia?

Um silêncio instala-se na sala de sessões. Armando Gadret está visivelmente incomodado. Waldyr Borges vira-se para os jurados e saboreia as expressões de surpresa que suas últimas frases provocaram.

— Vamos admitir, para efeito de argumentação, que milagrosamente, contrariando qualquer regra do bom senso, a perícia tivesse encontrado os supostos resíduos. Ora, sabendo-se que os disparos foram efetuados dentro de um automóvel; sabendo-se que meu cliente teve as mãos em contato com a arma; sabendo-se que durante o disparo os resíduos de pólvora se projetam em várias direções, como se afirmar tecnicamente ter Heinz Schmeling feito uso da arma de fogo?

Ele faz uma pausa enquanto retorna à tribuna.

— Em face do que foi dito e à luz das análises científicas que compartilho com os senhores, não devo perder tempo com a perícia feita em Maria Luiza. Seu corpo permaneceu submerso durante 76 horas. Pelo mesmo raciocínio, qualquer resíduo de pólvora seria desmanchado. O resultado aí está. Pífio.

Armando Gadret sacode a perna, nervosamente.

*

Waldyr Borges faz uma pausa para avaliar o impacto de suas colocações entre a plateia e os jurados. Pelo canto do olho, nota que o promotor Palmeiro e o assistente de acusação cochicham um tanto contrariados.

— Para comprovar sua teoria, a acusação apresenta três indícios e nenhuma prova. Primeiro indício: o auto Ford V8 foi visto no local. Dois: o frentista Arlindo Mota declarou que Heinz Schmeling estava sozinho quando abasteceu o veículo antes de seguir em direção à Lagoa. Terceiro: foi encontrado um tijolo de uma obra de Porto Alegre junto ao corpo.

Waldyr Borges deixa a tribuna e busca anotações em sua pasta.

— Vejamos o que dizem as testemunhas do Mont'Serrat. Três jovens afirmaram em juízo terem visto um Ford V8 de cor clara, nas imediações do Ginásio do IPA, naquela madrugada. Dentro do auto, teriam enxergado, na parte de trás, vultos se movimentarem. Pareceu, a um deles, ter visto uma mulher. Admitamos como verdadeiras as declarações prestadas na Polícia. Ainda assim, não se provará a presença de Heinz no local, pois o Ford V8 é um modelo requisitado e existem dezenas de autos parecidos na cidade. Mas nem isso foi provado.

Volta à pasta e dela retira dois recortes.

— Eles dizem terem visto um Ford 1940 com mala atrás. O automóvel 27-50 é modelo 1939 e não tem mala atrás — ele mostra recortes de propaganda dos dois modelos. — Por esses anúncios, é notória a diferença entre as carrocerias dos dois modelos. Outra coisa. A Polícia bateu em todas as residências do Mont'Serrat e não conseguiu uma única viva alma que tenha escutado qualquer disparo naquela noite, a não ser o nosso conhecido "Vira Mundo". Mas a notícia de jornal foi publicada, lida e ajudou a formar opiniões. Uma das mil mentiras de Goebbels.

O advogado faz nova pausa para beber um copo d'água. Olha para seu colega Poty Medeiros e recebe um olhar de aprovação.

— Segundo indício. O funcionário do posto Arlindo Mota disse que Heinz estava sozinho na madrugada de 18 de agosto, abasteceu no posto do Passo d'Areia antes de seguir para o litoral. Com isso, a acusação sustenta sua versão de que Maria Luiza já estava morta neste momento e que seu corpo, colocado no assoalho traseiro, não poderia ser visto pelo funcionário. Durante a constrangedora oitiva da testemunha, creio que uma coisa ficou cristalina. Ele não poderia afirmar que não havia outra pessoa no veículo nem quando o auto chegou, naquela madrugada muito fria, os vidros do escritório e do V8 embaçados pelo calor da respiração; nem quando se aproximou para o abastecimento, pois a janela traseira é muito estreita, nem quando abasteceu, pois naquela posição não poderia enxergar o interior do veículo.

– Ademais, uma moça acompanhada de um rapaz nas circunstâncias em que se encontrava Maria Luiza, a tardias horas da noite, obviamente não iria permanecer em exposição, para ser alvo da bisbilhotice de algum Arlindo Mota da vida que poderia, futuramente, ferir a sua reputação. O fato de Heinz estacionar a uma certa distância das bombas não teve outra razão senão a de preservar a namorada. Para Maria Luiza, esconder-se não era difícil, levando em conta que ela tinha pouco mais de um metro e meio de altura.

– Um metro e sessenta – corrige Daniel Krieger.

– Peço que me seja assegurada a palavra, meritíssimo.

– Palavra assegurada ao nobre defensor.

– Foi-se, então, o segundo indício! Passamos ao terceiro. Um tijolo da marca JD foi encontrado amarrado ao cadáver de Maria Luiza. O ilustre advogado de acusação concluiu sua oratória, em uma espécie de *grand finale*, buscando tirar todo o efeito possível do indício do tijolo. Com ele, construiu todo o edifício acusatório. As iniciais JD foram aqui traduzidas como Justiça Divina. Não condeno meu colega. Na falta de evidências pertencentes ao mundo dos homens, recorre ele a uma suposta divindade capaz de transformar indícios frágeis em provas concretas.

– Protesto, meritíssimo. O advogado de defesa usa e abusa de um linguajar inadequado para desqualificar o trabalho de seus oponentes.

– Atenha-se aos fatos, doutor Waldyr – orienta o juiz Coriolano.

– É o que pretendo. O tijolo, senhores, não pertence à Justiça Divina, mas à olaria de José Difine, que assegura ter vendido seu produto unicamente para duas obras: um asilo em Santa Cruz do Sul e um prédio em construção na Rua Coronel Bordini, em Porto Alegre. O corpo de Maria Luiza estava amarrado a pedras variadas e um tijolo que meu cliente diz ter encontrado à margem da própria lagoa. Um tijolo! A acusação quer nos fazer crer que o acusado estaciona na frente da obra, desce do automóvel, correndo o risco de ser flagrado, somente para apanhar um único tijolo? Francamente, senhores. Para submergir o corpo de Maria Luiza na lagoa, ele precisaria de muito mais tijolos. Se ele fosse utilizar tijolos da obra, conforme a teoria acusatória, ele teria pilhas à disposição, conforme as fotografias publicadas nos jornais, em tamanho considerável. Bastava pegá-los. Poderia ter apanhado cinco, dez, trinta. Mas não! Pegou apenas um.

Waldyr volta à sua mesa e mostra alguns recortes de jornais:

– O caso dos tijolos rendeu muitas notícias na imprensa, como a prova definitiva de que Heinz matou Maria Luiza em Porto Alegre – ele ergue o dedo indicador. – UM tijolo, senhores! Os jornalistas, na ânsia de defenderem as teses da Polícia, não fizeram esse questionamento. A opinião pública, entorpecida, deglutiu mais esse factoide. Mas não pensem que o doutor delegado investigador não tenha percebido a fragilidade de sua versão. Tanto que ordenou uma nova varredura no local em busca de mais tijolos da Justiça Divina. Depois de um trabalho hercúleo de sua equipe, conseguiu enriquecer seu arsenal de provas com um segundo tijolo com as iniciais JD, encontrado nas imediações do local.

O advogado de defesa ergue os dedos em V.

– DOIS tijolos. Convenhamos que ainda é pouco para manter um corpo submerso. Na verdade, a nova descoberta, em vez de comprometer o acusado, serviu para reforçar nossa versão de que, sim, é bastante razoável encontrar na margem da lagoa tijolos de vários tipos, provenientes das mais diversas olarias, incluindo os da marca JD. É comum que os veranistas carreguem tijolos quando seguem para o litoral, pois são úteis para construir churrasqueiras, manter as toalhas presas na areia nos dias ventosos ou qualquer coisa do tipo. A Rua Coronel Bordini é caminho obrigatório para acessar a estrada Porto Alegre-Tramandaí. Nada mais normal os veranistas pararem ali e carregarem tijolos daquela obra para, depois, se desfazerem deles na estrada. Portanto, a presença de um ou dois tijolos com o monograma JD não pode ser considerada como prova de que as declarações do acusado tenham sido falsas.

*

Arthur Haybittle começa a sentir um esboço de nervosismo formando-se dentro dele. Waldyr Borges retorna à tribuna.

– Durante toda a oratória do representante da família de Maria Luiza, meu cliente foi atacado com a maior veemência. Nas conversas que tive com ele, insisti para que me permitisse a leitura de várias cartas em nosso poder que auxiliariam de forma relevante a tese da defesa. Heinz Schmeling, evidenciando uma formação moral incomum, não permitiu que se fizesse qualquer afirmativa que pudesse, de longe, arranhar a imagem de moça que amava. Prefere correr o risco de uma condenação injusta a conseguir a liberdade com o sacrifício da honra da moça que ele tanto amou. Assim, senhores familiares de Maria Luiza, a memória de Lisinka merecerá da defesa o maior respeito, atitude que temos mantido durante todo o decorrer do processo. Nos limitaremos a apresentar a verdadeira vida afetiva de Maria Luiza, o imenso drama psicológico em que ela vivia naquele momento, sua emotividade, culminando em angústia, seus sofrimentos e sua decisão, clara e positivamente manifestada, de pôr fim à existência.

– Protesto – ergue-se Daniel Krieger. – Não foi apresentada nenhuma prova de que Maria Luiza quisesse pôr fim à existência.

– Mantido.

– Maria Luiza e Heinz Schmeling eram namorados. Pela proximidade, pelo profundo sentimento recíproco que os unia, eles pretendiam se casar. Sua progenitora, porém, por motivos desconhecidos, opunha-se ao casamento, o que está fartamente documentado nos autos, em depoimentos de amigos e familiares. Como em geral acontece, a oposição aproximou os jovens ainda mais. Maria Luiza, moça inteligente que era, não se deixou levar pelas preferências da mãe, resolvendo ela mesma dirigir a sua vida.

As discussões entre Erika e Maria Luiza passam pela mente de Arthur Haybittle como um filme dramático de final imprevisível.

– Existe, de fato, uma carta dirigida por Maria Luiza a Heinz, com data de 3 de agosto, propondo um afastamento momentâneo entre os dois, carta esta que fornece os alicerces da acusação. A verdade é que eles combinaram, para fugir à fiscalização da família, que ela simulasse o rompimento através de uma carta forjada. Além disso, Lisinka daria a entender que estaria iniciando um namoro com Paulo Fayet, o favorito da família. Dessa forma, sua progenitora não impediria suas saídas, pois julgava que ela iria se encontrar com Fayet. A acusação diz que, a partir dessa data, Maria Luiza teria se desinteressado do namoro. Como explicar então que, uma semana depois, em um baile na casa de Elisa Schuler, ela tivesse beijado Heinz na presença de várias pessoas, conforme atestam os depoimentos de suas amigas Norma Zwetsch e Lore Tydemers? E, se esse fato não bastasse, temos a circunstância irrespondível de ter Maria Luiza saído com Heinz do Baile dos Estudantes por livre e espontânea vontade, tornando inconteste a sua afeição por ele. A acusação de rapto, agregada ao indiciamento, não procede. Não há uma testemunha que a comprove. Pelo contrário, o depoimento do guardador de automóveis Osvaldo Nascimento atesta que os dois saíram abraçados do baile. Se ela não gostasse mais do acusado, sairia abraçado com ele a passear na noite de 18 de agosto? Absolutamente, não!

Waldyr volta à sua mesa, retira uma nova folha com anotações.

- A acusação incluiu no processo folhas retiradas do diário de Maria Luiza, apenas as que mais lhe interessavam. Por que não anexou o diário na íntegra? Simples. Porque as folhas restantes eram favoráveis a Heinz. Mas mesmo os trechos selecionados pela acusação revelam toda a afetividade de Lisinka em relação a Heinz. Só ele, unicamente, a interessava. Por vezes, é amorosa até o arrebatamento, como no trecho que vou ler: "Tive ímpeto de puxá-lo pelas orelhas e beijá-lo". Outras vezes, é verdade, ela se mostrava ciumenta, revoltada, magoada, apontava defeitos. A revolta, as recriminações, o ciúme que as cartas revelam apenas comprovam o amor ininterrupto de Maria Luiza por Heinz. A mulher, quando está vivendo profundamente um romance, reage em função da reciprocidade do afeto. Se é correspondida, exulta, sente-se feliz, tudo é agradável. Se pensa estar sendo desprezada, recrimina, aponta falhas, sofre e procura fazer sofrer. Essa é a explicação psicológica das reações agressivas de Lisinka. Ela, erradamente, supunha existir outra moça na vida de Schmeling. Com ciúmes, procura diminuí-lo em seu próprio julgamento íntimo. Existe, pois, indiscutivelmente provado, o elemento indispensável para a eclosão do choque emocional que, em um crescendo, se transformou na tragédia da madrugada de 18 de agosto de 1940.

Cristiano cochicha com Haybittle:

— Isso é verdade?

— Exagero — murmura de volta o inglês.

— Antes da tragédia — prossegue o advogado —, Maria Luiza encontrava-se em absoluto estado de angústia. Chorou por várias vezes. Estava sempre inquieta, insatisfeita, na amplitude máxima de sua própria emotividade. Procurava, continuamente, as casas de cartomante, a quem nunca daria crédito em situação normal. Indagava a sorte de seu namoro com Heinz. Tal atitude, em uma moça inteligente como ela, representa uma pronunciada inquietação psicológica que atinge as raias do misticismo. Na noite do baile, no *toilette* da Sociedade Germânia, Maria Luiza foi encontrada chorando. Vivia um período de depressão melancólica, o qual, tomado de repentina intensidade, pode explodir em uma crise emotiva, até atingir o estado de angústia, última escala ao suicídio.

Por longos minutos, Waldyr Borges refere trabalhos psiquiátricos centrados nas motivações do suicídio.

— Vamos aos fatos. Heinz e Maria Luiza saem do baile abraçados e entram no veículo. Ao abrir o porta-luvas para colocar a carteira ou algum outro objeto, ela notou, dentro dele, o revólver. Essa arma, conforme depoimento de Hans Freiherr, seu proprietário, encontrava-se sempre no porta-luvas do veículo pelo fato de que ele viajava muito pelo interior do Estado em sua profissão de representante comercial. Heinz desconhecia a presença da arma, pois quase nunca utilizava o automóvel. Segundo o que ficou provado na investigação, o acusado iria ao baile em auto de praça. Somente à última hora, a mãe resolveu lhe oferecer a chave do Ford 27-50, contrariando a vontade do marido. O revólver, pois, se encontrava em um auto que não deveria transportar o acusado ao baile, o que esvazia qualquer delírio quanto à premeditação. Depois de andarem por vários locais a esmo, o passeio chega até o litoral. Maria Luiza, tendo visto o revólver e no estado de exaltação emocional já descrito, resolveu, em um momento, pôr fim à existência. Em face da sugestão - o revólver -, explodiu a crise de angústia. Aguardou o momento oportuno. Quando pararam o carro, Heinz a convidou para passarem ao banco traseiro. No início, ela reluta. Depois, concorda. Sai pela porta da direita, levando consigo a arma. Schmeling abre a porta oposta, à esquerda. Maria Luiza entra primeiro. Ao abraçá-la, Schmeling recebe um tiro. O ferimento é para dentro, para trás e para cima. Ele foi ferido enquanto ocupava um plano superior à mão que empunhava o revólver. Procura o acusado impedir que Maria Luiza se suicide, mas não consegue arrebatar a arma da mão dela. Um novo disparo atinge a inditosa em pleno coração. O ferimento de Maria Luiza é para dentro, para trás e para baixo. Perguntado ao doutor Celestino Prunes, este sim, um verdadeiro cientista, se, pela trajetória do disparo, seria possível que Maria Luiza tivesse atirado contra si, ele respondeu afirmativamente. Sim, é possível!

    O advogado de defesa caminha pela sala durante vários segundos, olhando para cada um dos assistentes.

    - Enrico Ferri, o grande criminalista italiano, unanimidade entre os tratadistas da matéria, nos ensina que os criminosos passionais são pessoas de vida até então ilibada e de sensibilidade exagerada. Frequentemente, acrescenta, são mulheres, que cometem o delito na mocidade e sob impulso de uma paixão que explode como cólera, em virtude de um amor contrariado, de uma honra ofendida. Geralmente, cometem o crime sem premeditação. O criminoso passional é caracterizado pela superexcitação nervosa com que pratica a ação delituosa e, quase sempre, o arrependimento imediato leva muitas vezes ao suicídio.

    Lisinka, impulso, suicídio. Haybittle imagina a indignação de Erika se estivesse no tribunal ouvindo tudo aquilo.

– Em algum momento – prossegue Borges –, Maria Luiza deliberou morrer e quis levar Heinz consigo, pois ele era o exclusivo motivo da sua existência. Nossa versão funda-se em abundantes elementos de convicção e encontra amparo em todos os elementos científicos aplicáveis a esta espécie de caso, notando-se, em alto relevo, a teoria da angústia como explicação médico-psiquiátrica do suicídio. Maria Luiza foi a autora de um drama passional. Ela ocupou a posição ativa. Ela deliberou o suicídio e a morte de Heinz, dando a ambos, pelas próprias mãos, uma união indissolúvel, acima da vontade e da interferência alheias.

Paulo Koetz nota que os jurados estão visivelmente impressionados.

– Poderão perguntar: se Heinz é inocente, qual a razão de seus atos posteriores, escondendo o corpo de Maria Luiza? Os senhores puderam ver fotografias dramáticas apresentadas pela acusação. Mas elas devem ser analisadas no seu contexto específico e não ilustradoras do caso como um todo. Heinz cometeu um grave erro contra si mesmo, movido pelo pavor daquela tragédia. A presença de Maria Luiza morta junto a si, sem qualquer testemunha, a possibilidade real de que não acreditassem na verdade por ele narrada, o seu caráter bem formado impressionado com a probabilidade de que o julgassem capaz de um delito, sua inexperiência de vida, ao horror da responsabilidade, muito comum na juventude, fizeram com que ele tomasse o pior caminho.

Waldyr mostra recortes jornalísticos do filme *Rebecca*.

– Muitos dos senhores assistiram a este filme: *Rebecca*, de Alfred Hitchcock. Ele fez grande sucesso nos cinemas de todo o mundo e, em nossa capital, não foi diferente. Na história, durante uma discussão com o marido, a personagem Rebecca tropeça, bate com a cabeça e morre. O marido Maxim, assustado com a possibilidade de que não acreditassem nele, coloca o cadáver da esposa em um barco e providencia para que esse barco afunde. Vejam só. Maxim é inocente, mas comete esse ato tresloucado de esconder o cadáver da esposa com medo que não acreditassem nele. Milhares de pessoas viram a fita e não ouvi nenhum comentário de que essa cena não fosse plausível.

– Protesto, meritíssimo. O advogado de defesa compara uma obra ficcional com um fato real.

– Vamos ver aonde ele quer chegar.

– Heinz assistiu ao filme. Quando se deparou com uma situação parecida, sem raciocinar, só tinha como referência o comportamento do personagem Maxim. Assim, repetiu o gesto e escondeu o cadáver, isso é fato. Mas por que esconder se, dentro em breve, teria de explicar o paradeiro da jovem? Só mesmo em estado de absoluto desvario poderia ter feito o que fez.

Faz uma nova pausa para que os jurados reflitam.

– Reagiu instintivamente, fora do âmbito do pensamento lógico, numa ânsia incontida de se afastar de uma zona de perigo. Logo a seguir, quando a racionalidade retornou, procurou ele retirar o corpo da lagoa, mas não teve condições.

Vai à pasta e retira outro recorte.

– Por fim, resta a questão: poderia Heinz, ferido, transportar o corpo de Maria Luiza para a Lagoa dos Barros e retornar à capital dirigindo o auto 27-50? Novamente, o professor Celestino Prunes é instado pelo doutor delegado a responder essa questão, em seu laudo médico-legal. Outra vez, é movido pela sua consciência e não pela conveniência momentânea. Ele responde afirmativamente. O ferimento de Heinz, ainda que grave, diz o eminente médico, não oferecia obstáculos sérios aos movimentos e aos esforços por ele realizados. Essa informação saiu perdida em uma única linha, em meio à vasta cobertura jornalística do caso. A saúde de Heinz sofreu um grande abalo, esteve em estado gravíssimo em face dos constantes interrogatórios feitos de dia e de noite, em qualquer hora, sem ser permitido a Heinz Schmeling o mínimo descanso.

– Protesto, meritíssimo!

— Não sou eu que estou falando, mas os médicos que, a certa altura, proibiram os interrogatórios. As emoções, os sofrimentos morais, repercutiram no estado físico de Heinz, levando-o a um estado de pré-agonia.

— Prossiga, doutor Borges.

— A lesão descrita nos autos, *per si*, não impediria Heinz de praticar as ações que praticou. Quem faz essa afirmação é o chefe do Instituto de Medicina Legal da Repartição Central de Polícia, que, ao contrário de alguns colegas, não se dobrou às pressões e conveniências.

— Protesto!

— Mantido.

— Senhores jurados, distinta plateia, acreditamos ter evidenciado a inocência de Heinz Schmeling e comprovado, à exaustação, que seu indiciamento baseou-se em indícios frágeis, que foram desmontados devido a sua inconsistência. De todo o sensacionalismo, nada restou. No máximo, com excessiva boa vontade, os indícios aqui trazidos poderiam instalar a dúvida entre os jurados. Jamais, a certeza. Lembro aos honrados jurados que a condenação requerida pelos acusadores com base na dúvida será um erro judiciário grosseiro que manchará as tradições deste tribunal. Essa é a grande responsabilidade que está em suas mãos. Voltarei ao tema, caso a acusação solicite a réplica. Muito obrigado!

*

O juiz Coriolano Albuquerque comunica a suspensão dos trabalhos por vinte minutos e se retira do recinto. Paulo Koetz estuda as reações dos personagens. Heinz Schmeling mantém-se impassível, com um leve ar de autossuficiência. Waldyr Borges e Poty Medeiros conversam com os rostos quase colados. À frente deles, Frida mantém suas mãos junto às de Hans Freiherr, em silêncio. Do outro lado, Daniel Krieger e Luiz Palmeiro repassam algumas anotações. No fundo da sala, os policiais conversam em voz alta, minimizando os efeitos da explanação do advogado de defesa, mas o delegado Armando Gadret permanece tenso e preocupado.

Durante dois anos, Frida Wiedmann elaborou um plano. Ante a inevitável condenação de Heinz Werner, ela se recolheria ao isolamento da chácara do Cristal e ali realizaria a sua vida afastada do convívio social, portanto, longe dos comentários e dos olhares. De certa forma, isso já vem acontecendo, desde que se separou de Eithel Fritz.

Na nova vida que planejou, Frida se manteria confinada enquanto durasse a pena de Heinz. Passaria os dias escutando rádio e lendo. Aprenderia a cozinhar e cuidar do jardim. Talvez se envolvesse em ações beneficentes. Caminharia com Hans pela orla do Guaíba ao entardecer e, nos finais de semana, viajaria para cidades próximas, os dois se hospedariam em hotéis, fariam passeios diferentes e conheceriam novas pessoas que não soubessem sobre o seu drama. Envelheceria em silêncio.

Em todos os horários possíveis, visitaria o filho na Casa de Correção, levando livros e guloseimas. Ouviria pacientemente seus desabafos de presidiário e acenaria com uma expectativa de futuro. No momento que Heinz saísse da prisão, eles esqueceriam o crime da lagoa e se mudariam de Porto Alegre para outro lugar, onde nunca precisassem tocar no assunto.

- Senhoras e senhores - Frida é despertada pelas palavras do advogado de acusação Daniel Krieger, na retomada dos trabalhos -, não pretendo revisitar todo o volume consistente de provas e evidências de que Heinz Schmeling matou Maria Luiza Häussler e, após, tentou forjar uma agressão contra a sua pessoa, criando uma versão fantasiosa com o único objetivo de se livrar da responsabilidade. Caso acontecesse esse crime brutal há alguns anos atrás, quando nossa Polícia penava com a falta de modernos recursos de investigação, e o réu teria chance de sair impune. Felizmente, não é a realidade atual.

Krieger volta-se para o advogado de defesa e busca um papel em sua mesa.

— Ficou comprovado neste tribunal o caráter de Maria Luiza, sua bondade, sua alegria para a vida, sua sensibilidade. Quis a defesa construir para ela um perfil de moça transtornada, confusa, atormentada pelo ciúme e propensa ao suicídio, que não condiz com a realidade. Como prova, apresenta a suposta visita a uma cartomante. Acaso frequentar uma cartomante constitui indício de anormalidade? Acaso uma má previsão poderá levar alguém ao suicídio? Vejamos o que diz o doutor Fábio de Barros, catedrático de nossa universidade e um dos espíritos mais elevados entre nós. Ele é peremptório ao afirmar: "A consulta a cartomantes, quiromantes etc., não constitui sinal, sintoma ou mesmo indício de predisposição psicopática". Argumenta mais a autoridade: "Não é entre os psicopatas que as cartomantes, quiromantes e outras espécies de vaticinadores encontram a sua mais numerosa e melhor clientela". Maria Luiza chegou ao baile tranquila, feliz e com o espírito de passar uma noite agradável. Ao contrário, Heinz Schmeling chegou transtornado à Sociedade Germânia, tanto que quase agrediu com ofensas o rapaz que dançava com sua ex-namorada – diz o advogado.

De relance, como por acaso, o olhar de Frida se encontra com o de Eithel Fritz, sentado duas fileiras atrás. Ela disfarça e faz seus olhos passearem pelo recinto. Frida, então, percebe que sua convicção na culpa de Heinz não decorre do comportamento do filho ou de aspectos intrínsecos de sua personalidade, mas do modo de agir do ex-marido.

Quantas vezes Eithel Fritz teve crises de ciúme e hostilizou pessoas com quem ela conversava?

— Raptou Maria Luiza, valendo-se da boa-fé da moça, que concordou em acompanhá-lo para evitar um vexame.

Quantas vezes, contrariada, Frida foi obrigada a ir embora de eventos sociais, com medo que Eithel protagonizasse um escândalo?

— No Mont'Serrat, tentou violentá-la e, como ela resistisse, assassinou Maria Luiza friamente com um disparo à queima-roupa.

"Decidam com sabedoria, obedeçam sua consciência e absolvam Heinz Schmeling."

Quantas vezes ele a obrigou a manterem relações, mesmo contra sua vontade? E quantas vezes ele a ameaçou fisicamente, em situações extremas e patéticas?

— Após — prossegue o advogado —, Heinz Schmeling decidiu calculadamente livrar-se do corpo na Lagoa dos Barros, local que conhecia bem de suas viagens de motociclo. Ele pensou em tudo, tanto que, no trajeto, lembrou-se de recolher tijolos para manter o corpo submerso. Por obra da Justiça Divina, os tijolos que escolheu em uma obra na Rua Coronel Bordini com as iniciais JD o denunciaram, não importa se eram um, dois ou trinta. Como necessitava abastecer, manteve o fatídico Ford V8 placas 27-50 longe das bombas de gasolina para que o funcionário não visse o corpo já sem vida, no assoalho traseiro. Consegue, assim, chegar à lagoa e ali esconder o cadáver de Maria Luiza.

Frida Wiedmann sente um calafrio ao imaginar que esteve perto de padecer do mesmo destino de Lisinka.

— Mas faltava algo para que a obra ficasse completa. Como ele reapareceria parente seus familiares sem Maria Luiza, com quem saiu do baile diante de várias testemunhas? No retorno a Porto Alegre, ele começa a elucubrar a versão de que teria sido atacado por Maria Luiza.

Daniel Krieger vai até sua mesa e dali retira uma camisa manchada e vai com ela até os jurados. Frida olha para o filho e sente por ele uma piedade colossal.

— Esta, senhores, é a camisa utilizada por Heinz Schmeling naquela fatídica madrugada. Observem o local onde foi feito o ferimento. Esta área mais escura que circunda o orifício do projétil diz respeito aos resíduos de pólvora que se desprenderam por ocasião do disparo. Concluíram que ela apresenta maior intensidade para o lado de fora. Esta circunstância faz presumir a posição do revólver no momento do disparo.

Krieger simula o movimento.

— Heinz Schmeling empunhou o revólver com a mão direita e o posicionou quase paralelamente ao tórax, formando um ângulo muito fechado, para que o projétil apenas arranhasse sua pele, sem feri-lo gravemente. Com a mão direita, a arma em ângulo fechado, mediu um tiro de raspão e acionou o gatilho. Por razões independentes de sua vontade, o tiro lhe transfixou o pulmão. A defesa tenta utilizar a gravidade do ferimento, originada da própria imperícia do réu, como elemento a favor da tese de sua inocência. Pelo contrário, a gravidade do ferimento sepulta a hipótese de que Maria Luiza tenha se suicidado. Pela trajetória do projétil, pelos distúrbios funcionais que a lesão provocou, Heinz não teria como despender toda a energia necessária para realizar todo o trabalho de ocultação do corpo e retorno a Porto Alegre. Pelo rigorismo científico que deve presidir a análise médico-legal de um caso como este, os peritos sabiamente, sem negar a possibilidade de tal façanha, apontaram a sua pequena probabilidade.

Krieger dirige-se aos jurados:

- Heinz Schmeling matou Maria Luiza Häussler de forma premeditada. Raptou-a à saída do baile...

Waldyr Borges ergue-se da cadeira:

- Protesto, meritíssimo. Não há um único depoimento que comprove que ela saiu do baile contra sua vontade...

- O rapto não se deu quando deixaram a Sociedade Germânia, mas no momento em que ela foi impedida de retornar ao baile. Heinz mantinha um revólver no porta-luvas do automóvel. Em sua mão direita, havia resíduos de pólvora, que não foram encontrados nas mãos de Maria Luiza. Heinz carregou de Porto Alegre tijolos para sepultar o corpo de Maria Luiza na Lagoa dos Barros. Ao retornar, lavou o interior do veículo para eliminar os vestígios de seu ato sinistro e premeditado. Portanto, senhores, ante o exposto, reitero a responsabilidade que paira sobre sua decisão. A condenação de Heinz Schmeling se impõe como produto de todas as evidências acumuladas pela seriedade da atuação policial e pela ciência investigativa. E se impõe pelo clamor social que o caso gerou. Condenar Heinz Schmeling é redimir uma sociedade escandalizada por um crime brutal praticado feia e calculadamente a sangue-frio.

A explanação de Daniel Krieger é saudada por uma torrente de aplausos que, durante vários minutos, rivalizam com a campainha insistente do desembargador Coriolano Albuquerque. Frida assombra-se com uma expectativa inusitada que lhe produz um dilema insuportável. A culpa de Heinz equivalerá à condenação de Eithel Fritz e significará sua própria redenção.

*

Armando Gadret acredita piamente no valor da experiência. Os papéis na sociedade distribuem-se conforme a sabedoria acumulada. Assume mais responsabilidade quem está mais preparado. Pensando assim, ele tem dificuldade de entender o que um jovem de vinte e poucos anos faz ali, movimentando-se de uma forma autossuficiente em um mundo de homens calejados, acostumados às vicissitudes dos processos punitivos.

Ele observa o modus operandi de Waldyr Borges. Por mais anacrônico que transpareça, o rapaz faz questão de agir de forma a se equiparar aos outros figurões com quem divide o palco deste julgamento. Posta-se com uma expressão grave, às vezes temperada com uma ironia sutil, sobe na tribuna nos momentos de pronunciar enunciados, desce nas horas em que é preciso sensibilizar o público, perfaz o amplo caminho entre o banco dos réus e a bancada dos jurados com desenvoltura, faz pausas sempre que deseja a reflexão dos outros.

Agora, ele está no púlpito, com as mãos postas sobre a mesa.

— A tese sustentada pela acusação, de que Heinz Schmeling matou Maria Luiza Häussler, repousa unicamente em prova indiciária. Indícios frágeis que chamamos de indícios contingentes e não servem de fundamento a uma decisão condenatória, visto que não podem gerar certeza.

Agora, ele desce até a frente do público:

— Para impressionar os jurados, o advogado de acusação trouxe a camisa do réu. Perfeito. Sabemos que o sangue sempre impressiona. No entanto, senhores, o raciocínio desenvolvido pelo colega vai no sentido contrário ao que os exames indicam.

Neste momento, ele começa assumidamente a representar. Aponta o dedo como se fosse uma pistola contra seu próprio peito.

– Se o disparo fosse feito desta forma, o trajeto da bala seguiria em direção à parte lateral do corpo, tangenciando os tecidos, mas sem atingir o pulmão e sem produzir os ferimentos descritos no auto de lesões corporais. Não. O disparo foi dirigido para o interior do corpo de Heinz Schmeling, numa evidente tentativa de homicídio. O laudo assinado pelo eminente doutor Celestino Prunes indica claramente que o tiro foi disparado de uma posição horizontal ao tórax, em ângulo reto.

Busca na mesa uma anotação:

– Quanto ao ferimento em Maria Luiza, limito-me a transcrever trecho do laudo de necropsia, assinado também pelo doutor Celestino Prunes: "Os caracteres apresentados pelo ferimento por projétil de arma de fogo – distância, direção – não excluem a possibilidade de suicídio".

Gadret nota, ao seu lado, a irritação de seus subordinados.

– Portanto, senhores, a cena impactante da camisa ensanguentada apenas reforça o que vem sendo dito pela defesa. Nenhuma perícia de laboratório trazida pela acusação a este tribunal contesta, desmente ou contradiz de forma cabal as declarações de Heinz Schmeling sobre o que ocorreu naquela madrugada.

Gadret repara em Waldyr Borges momentos de insegurança e vacilação. Por vezes, tenta aparentar uma segurança que lhe parece incompatível com sua posição no tribunal. Mas, surpreendentemente, na medida em que avança em sua exposição, o jovem advogado adquire uma postura de ofensividade, esta sim, própria do voluntarismo juvenil.

– Senhores jurados. Nesta hora em que se aproxima o momento da decisão, convido os senhores a refletir: o caso em julgamento teve ampla repercussão; a opinião pública foi entorpecida pela parcialidade de uma cobertura de imprensa jamais vista; a Polícia mobilizou um batalhão de investigadores, utilizou uma aparelhagem técnica cantada aos quatro ventos como uma das mais modernas do país, senão a melhor, e, ainda assim, não conseguiu comprovar a sua tese. Perguntamos então: por que a Polícia não conseguiu produzir uma única prova real para embasar o indiciamento? Por que a acusação não trouxe a este tribunal uma única prova consistente para condenar o réu? Por uma única razão: porque elas não existem. Porque Heinz Schmeling não matou Maria Luiza Häussler.

*

Durante meia hora, Waldyr Borges repassa os principais pontos da defesa. Uma ideia assombrosa começa a se apossar da mente de Arthur Haybittle. Uma sensação que já transitou em seus pensamentos outras vezes, desafiou suas convicções e assediou sua consciência, mas ele sempre a rechaçou de pronto, porque sabia que, caso germinasse, significaria a completa ruína emocional de sua família. Agora, a ideia cruenta ressurge fortalecida pela eloquência do jovem advogado de defesa, que esgrima argumentos, acumula dúvidas e transforma a solidez de um fato consumado - a culpa de Heinz Schmeling - em algo com a consistência de uma gelatina.

   - Por fim, ainda que os senhores não tenham sido convencidos pela acusação ou pela defesa, mesmo que tenha prevalecido a dúvida, lembro aos senhores: reza a lei, ordena o bom senso, exige a consciência que a dúvida deve ser favorável ao réu, para que sobre os senhores não se instale o martírio de terem produzido uma profunda injustiça contra um jovem, que já sofreu o suficiente por um crime que não cometeu. Os senhores decidirão não em nome do clamor social, mas sim em respeito à consciência de cada um. Não existe maior ameaça à coletividade do que a condenação de um inocente. Decidam com sabedoria, obedeçam sua consciência e absolvam Heinz Schmeling.

*

São oito horas da noite e a paisagem exposta nas janelas do tribunal começa a escurecer. Os jurados, o juiz e o réu deixaram o ambiente. Um vozerio incessante domina a sala de julgamento, como se todos se sentissem na obrigação de dar seu veredicto sobre o que viram naquela tarde. Paulo Koetz examina as reações. Enxerga mais serenidade entre os advogados de defesa, e mais agitação entre os acusadores, expectativa entre os parentes de Heinz Schmeling e preocupação entre os familiares de Maria Luiza.

Koetz tenta lembrar o que mudou em sua vida desde o crime da lagoa. Ele vem de uma família distinta, muito mais pela cultura do que pelo patrimônio material, o que produziu um ditado recorrente entre os Koetz: dinheiro se consegue; talento, é mais difícil. Seu irmão Edgar seguiu pelas artes e se tornou um dos principais desenhistas da cidade. Mas, com ele, as coisas são mais lentas. Paulo embrenhou-se no jornalismo porque achou que tinha o talento de escrever. Gostaria de ser poeta, mas, apesar de algumas rimas instantâneas e surpreendentes, deu-se conta que não tinha disciplina suficiente para trabalhar os versos, como, por exemplo, o jovem colega Mario Quintana.

Assim, Paulo Koetz é um repórter gauche que escreve, briga e bebe, mas não chega a se destacar na sua profissão e tem sempre prontas as explicações conjunturais para seu fracasso: o Estado Novo, a austeridade do jornal, o conservadorismo da sociedade, a falta de um ambiente propício para os genuínos jornalistas – não aqueles que fazem exatamente o que os outros esperam. O caso do crime da lagoa poderia ser o seu momento, mas ele não o aproveitou por falta de convicção ou de empenho.

*

Avisado de que os jurados chegaram a uma decisão, o juiz Coriolano Albuquerque retorna à corte. Frida vive em função dessa perspectiva cultivada em pensamentos, que a cada dia parece mais possível e agradável. Mas tudo isso tem um ponto de partida: o julgamento de Heinz.

Nesses dois anos, o advogado Waldyr Borges repetiu com uma insistência exagerada que seria possível absolver Heinz porque faltava consistência aos argumentos da acusação. Disse mesmo que estava convencido da inocência de Heinz, o que serviu para desestabilizar os planos pessimistas de Frida. Como um estranho pode ter um juízo favorável ao filho se ela própria, desde o primeiro dia, deixou-se contaminar pela certeza de sua culpa?

*

Pela porta lateral, os jurados retornam ao recinto. Paulo Koetz tenta adivinhar o que eles decidiram, antes do pronunciamento. As fisionomias, de uma forma geral, são de constrangimento, ou por terem absolvido, quando tudo indicava a condenação, ou por terem condenado, sem que a culpa estivesse indubitavelmente comprovada.

Koetz percebe, também, um mal-estar entre os sete jurados, indicando, talvez, divergências no momento de definir o veredicto. Provavelmente, não houve unanimidade.

*

Arthur Haybittle raciocina. Caso Heinz seja inocentado, restará uma incômoda alternativa: Lisinka atirou em Heinz e cometeu o suicídio. E isso é muito além do que Erika poderia suportar. Arthur olha em volta e enxerga uma silenciosa perplexidade tomar conta do ambiente, no assombro de Frida Wiedmann, na preocupação dos acusadores, nos resmungos dos policiais e no repentino interesse de Heinz pelo que acontece à sua volta.

O juiz Coriolano Albuquerque recebe uma folha, faz algumas anotações, consulta o Código Penal e ativa a campainha. Os que ainda estão em pé rapidamente se instalam em seus lugares. Albuquerque espera que todos estejam sentados.

— Neste momento, proclamo o resultado deste julgamento.

Em busca de alento, *mister* Arthur observa os jurados. Mas o que vê não ajuda. Os homens, antes impassíveis, apenas aguardando o momento de serem chamados a condenar Heinz Schmeling, agora se mostram incômodos em suas cadeiras, olham para os lados, coçam o queixo, matutam. Anteriormente, contemplavam o réu com desprezo. Agora, tentam enxergar em sua expressão algo que possa decifrar o dilema que não existia no início do julgamento. A seu lado, Cristiano Nygaard esfrega as mãos e se recolhe a pensamentos sombrios. Desolado, o inglês constata: a certeza de que Heinz Schmeling será condenado pela morte de Maria Luiza Häussler já se encontra longe do recinto.

*

Armando Gadret projeta o corpo à frente. Com os cotovelos sobre os joelhos. Seus subordinados olham para ele com alguma apreensão. Neste momento decisivo, ele é obrigado a lidar com o incômodo que o persegue há dois anos. Por mais que os indícios apontem, por mais que a perícia técnica tenha pesquisado, por mais que a opinião pública esteja convencida da culpa de Heinz Schmeling, por mais que ele próprio tivesse se dedicado ao caso mais importante de sua vida, o fato é que todo o volume grosso e consistente da acusação, talvez não seja sólido o suficiente para uma condenação. E o jovem agitador, provavelmente comunista, soube trabalhar a diferença entre o que tem toda a probabilidade de ser e o que, de fato, é.

— Da acusação de rapto, os jurados decidiram que o réu é inocente. Da acusação de estupro, inocente.

Uma inquietação está instalada no recinto.

— Da acusação de assassinato premeditado, por quatro votos a três os jurados entenderam de redimensionar a acusação para homicídio simples, reconhecendo os agravantes de força física e uso de arma de fogo.

A comemoração é efusiva apenas por alguns instantes. Logo, adquire um tom de anticlímax.

– O réu é beneficiado pelas atenuantes de bom comportamento e de idade, já que não havia completado 21 anos à época do crime.

– Assassino! – alguém grita.

– Silêncio no tribunal. Desta forma, condeno o réu Heinz Werner João Schmeling a 10 anos e seis meses de prisão, mais o pagamento do selo penitenciário, no valor de 50 mil réis, e das custas do processo. Estão encerrados os trabalhos!

Waldyr Borges cumprimenta Heinz Schmeling e diz algo em seu ouvido, antes que os guardas retirem o réu da sala de julgamentos. Aos jornalistas que se aproximam, o advogado de defesa anuncia:

– Estamos inconformados, vamos recorrer da decisão. Dos sete jurados, apenas três compreenderam a alta função de juízes e decidiram pelo que ficou estampado nos autos. Os demais que o condenaram foram levados pela paixão e pelo sentimentalismo. Assim, cometeram um grande erro judiciário. É o que eu tinha a dizer.

Os repórteres atravessam a sala em direção aos advogados de acusação, que conversam com Cristiano Nygaard e Arthur Haybittle.

– Naturalmente, estamos desapontados e vamos recorrer da decisão – afirma o promotor Luiz Palmeiro. – A sentença é demasiado suave para a gravidade do crime cometido. Em cinco anos, o assassino de Maria Luiza poderá estar livre novamente, o que não é aceitável. Vamos conversar com a família, mas a tendência é que recorramos da decisão.

Paulo Koetz procura não perder nenhum detalhe. Frida consegue se aproximar de Heinz antes que os guardas o retirem da sala de julgamentos. Mãe e filho trocam um longo abraço. Os policiais deixam o local com uma euforia um tanto constrangida. Armando Gadret conserva-se em silêncio, com uma fisionomia desconfortável.

O repórter deixa a sala atrás de Arthur Haybittle e Cristiano Nygaard, que pronuncia uma torrente de desaforos, provavelmente destinados a Heinz. Na rua, ouve o inglês comentar:

– Bridge domingo, "Goering".

– Até lá, *engläder*.

Paulo Koetz dirige-se à redação, com o texto sobre o julgamento parcialmente alinhavado em seu bloco.

A noite é quente, agradável e convidativa.

EPÍLOGO

No dia 28 de março de 1944, o juiz Coriolano Albuquerque acolheu parcialmente recurso do Ministério Público e aumentou a pena de Heinz Werner João Schmeling para 12 anos de reclusão. Na Casa de Correção - e em um curto período na Penitenciária Agrícola -, Heinz prestou serviços de escriturário e datilógrafo na Escola do Presídio, na serralheria, no gabinete médico, na farmácia e na Seção Penal e de Expediente, o que lhe permitia dormir nos alojamentos dos funcionários. Por duas vezes, teve que receber atendimento médico devido a crises nervosas, ambas ante a iminência de ser alocado para as celas dos presos comuns, o que acabou não ocorrendo.

Ao cumprir um terço da pena, Heinz Schmeling requereu liberdade condicional, através de seus advogados. Mesmo com parecer contrário do relator, o antropólogo Luiz Germano Rothfuchs, o Conselho Penitenciário decidiu recomendar o benefício do livramento condicional, com base em diversos laudos que atestavam seu bom comportamento e espírito de colaboração.

Heinz foi libertado em novembro de 1946, mas logo percebeu que não teria ambiente para viver em Porto Alegre. Passados seis anos da morte de Maria Luiza, o impacto persistia. Criara-se até uma lenda alimentada por caminhoneiros insones, que juravam "enxergar" uma bela jovem emergindo das águas da misteriosa Lagoa dos Barros cada vez que transitavam pela estrada de Santo Antônio. Em seus dias de liberdade, Heinz era observado por olhares constrangidos ou acusatórios, inclusive entre seus antigos camaradas. Qualquer possibilidade de vida normal seria longe de tudo que lembrasse a morte de Lisinka, e a família foi solidária. Em 1947, Hans Freiherr, Frida e os filhos Heinz e Gert, este já casado e com uma filha pequena, mudaram-se para o Rio de Janeiro, onde instalaram a nova sede da empresa Freiherr & Cia, destinada à "fabricação e exploração comercial de desincrustantes para caldeiras e máquinas a vapor, e comércio em geral de artigos correlatos", conforme o contrato social.

Heinz instalou-se em um confortável apartamento na Avenida Copacabana, próximo ao Arpoador. Em janeiro de 1948, casou-se com a jovem Hilda Costa, natural do Rio de Janeiro. Hilda, então, não tinha a menor ideia da tragédia incrustada no passado do noivo. Apenas estranhou que, na certidão de casamento, Heinz tivesse determinado que ela usaria "Werner" como sobrenome de casada e não "Schmeling". A vida em comum iniciou sob o signo da desconfiança, que logo adquiriu tons dramáticos quando Hilda descobriu que havia se casado com um homem que cumprira pena de seis anos de prisão, condenado pelo homicídio da namorada, e lhe escondera o fato. Hilda não se conformou e as desavenças entre os dois se tornaram constantes, culminando no dia em que Heinz teria tentado sufocá-la com um travesseiro. Hilda saiu de casa e encontrou amparo no cunhado Gert. O desquite de Hilda e Heinz foi homologado em setembro de 1951. Logo após, surpreendentemente, ela casou-se com Gert Joaquim Schmeling, que também havia se separado da primeira esposa.

A crise familiar motivou a transferência de Gert para São Paulo, para administrar a filial da Freiherr & Cia. Alguns anos depois, Hans e Frida também se juntaram a ele. Quando a matriz da Freiherr no Rio de Janeiro foi fechada, Heinz, já casado novamente e com dois filhos pequenos, foi ao encontro da família em São Paulo. Os Schmeling reagruparam-se em uma harmonia precária, pontilhada de olhares de desconfiança e embasada em um pacto de silêncio destinado a preservar os negócios da empresa e poupar os descendentes do trauma familiar. Somente alguns deles tomaram conhecimento dos fatos e, ainda assim, já adultos e por vias indiretas.

Heinz Schmeling faleceu em São Paulo, em junho de 1971, vitimado por *diabetes mellitus*, pouco antes de completar 50 anos. Com ele, foi sepultada qualquer possibilidade de se saber ao certo o que realmente ocorreu na madrugada de 18 de agosto de 1940, depois que os dois jovens enamorados deixaram o baile da Sociedade Germânia e embarcaram no Ford V8 para um trágico passeio.

Sobre o livro

A vontade de contar esta história foi reavivada pela leitura de *Moinhos de Vento - Histórias de um Bairro de Porto Alegre*, de Carlos Augusto Bisson, a quem agradeço pela amizade antiga e pela proveitosa troca de ideias em torno do assunto.

Esta narrativa foi construída a partir da leitura do processo que se encontra no Memorial do Judiciário e dos textos *Heinz Schmeling Não Matou Maria Luiza Haussler*, de Waldyr Borges, editado pela Livraria Continental (1944), e *A Histeria e a Responsabilidade Penal*, de Luiz Lopes Palmeiro, publicado na *Revista do Ministério Público*, n° 1 (1941); dos jornais *Correio do Povo* e *Diário de Notícias*, e da revista *Vida Policial*.

As fotografias que ilustram o livro foram reproduzidas destas publicações, mas não foi possível identificar seus autores.

Agradecimentos especiais a Renato Pinto da Silva, Verena Nygaard e Waldyr Borges Junior.

E aos funcionários da Biblioteca Delegado Plínio Brasil Milano, da Academia de Polícia do RS; do Museu de Comunicação Social Hipólito José da Costa (Sedac) e do Arquivo Histórico Moyses Vellinho (SMC/PMPA).

R.G.

Sobre o autor
Rafael Guimaraens

Nascido em Porto Alegre (25/05/1956), Carlos Rafael Guimaraens Filho é jornalista profissional desde 1976. Atuou como repórter, editor e secretário de redação da Cooperativa dos Jornalistas de Porto Alegre (Coojornal). Foi editor de Política do jornal *Diário do Sul*. Exerceu diversas funções nas assessorias de imprensa da Prefeitura Municipal de Porto Alegre, Governo do Estado do RS e Assembleia Legislativa do RS. É autor de 17 livros (lista ao lado).

Também assinou a edição e a organização dos livros: *Legalidade 25 anos* (Redactor, 1986); *Morcego em Paris*, de seu pai, Carlos Rafael Guimaraens (Libretos, 2007, Prêmio Açorianos, categoria Crônica); *Dispersos*, de seu avô Eduardo Guimaraens (Libretos, 2002, Prêmio Açorianos categoria Especial Poesia); Retratos do Brasil Rural (Ministério do Desenvolvimento Agrário, 2008); *Coojornal - um Jornal de Jornalistas sob o Regime Militar* (Libretos, 2011, Prêmio Açorianos, categoria Especial), com Ayrton Centeno e Elmar Bones; *Os Filhos Deste Solo - Olhares sobre o povo brasileiro* (Libretos, 2013).

Produziu os roteiros dos curta-metragens: *O Mujica* (2006); *A Vítima da Serpente* (2006); *Os Viajantes - Alexandre Baguet* (2007); *Cartas da Ilha* (2007); *O Legado Lutzenberger* (com Frank Coe, 2007); *Quando casar Sara* (2008) e *O Holandês Misterioso* (2008), todos para a RBSTV. Também é autor do roteiro do espetáculo *Legalidade - o Musical* (2011), exibido diante do Palácio Piratini, em comemoração aos 50 anos da Campanha da Legalidade.

O Livrão e o Jornalzinho (infantil, 1997, reedição em 2011)

Pôrto Alegre Agôsto 61 (2001)

Trem de Volta, Teatro de Equipe (com Mario de Almeida, 2003)

Tragédia da Rua da Praia (2005, Prêmio O Sul Nacional e os Livros, Melhor Narrativa Longa)

Teatro de Arena - Palco de Resistência (2007, Prêmio Açorianos categoria Especial e Livro do Ano)

Abaixo a Repressão - Movimento Estudantil e as Liberdades Democráticas (com Ivanir Bortot, 2008)

A Enchente de 41 (2009, Prêmio da Associação Gaúcha de Escritores, Melhor Livro Não ficção)

Rua da Praia - um Passeio no Tempo (com Edgar Vasques e Marco Nedeff, 2010)

Unidos pela Liberdade! (2011)

Tragédia da Rua da Praia em Quadrinhos (com Edgar Vasques, 2011)

Mercado Público - Palácio do Povo (com Edgar Vasques, Marco Nedeff e Ricardo Stricher, 2012)

A Dama da Lagoa (2013)

Águas do Guaíba (com Edgar Vasques, Marco Nedeff e Ricardo Stricher, 2015)

O Sargento, o Marechal e o Faquir (2016, Prêmio Associação Gaúcha de Escritores, categoria Especial)

20 Relatos Insólitos de Porto Alegre (2017, Prêmio Minuano de Literatura)

Fim da Linha - O Crime do Bonde (2018)

O Espião que aprendeu a ler (2019)

**A Dama
da Lagoa**

Lib**r**etos

Livro composto em Soho Pro Light, 10/15,
impresso em papel offset 75 gr/m²,
pela gráfica Pallotti,
em junho de 2024.